青春文庫

# 明日をちょっぴりがんばれる48の物語

西沢泰生



青春出版社

# まえがき

毎日毎日、判で押したように代わり映えのしない日々が流れている。
別に不満はないけれど、何となく物足りない。
どうも、今ひとつ「やる気」が出ない。

「新しいことを始めたい」という思いはあるのに、現在の生活を変える勇気が出ない。
なかなか、一歩目を踏み出せない……。

**この本は、そんなあなたの背中をそっと押してくれる本です。**
あなたの、ちょっと疲れ気味の心をスッキリさせて、明日、ちょっぴりがんばれる。
そんなエピソードを取りそろえました。

内容は、たとえば……。
• 世界で通用するエリートを育てる、ハーバードのビジネススクールで何度も繰り

返して教えられること
・無敵のスパイ、ジェームズ・ボンドが恐れていること
・大谷翔平がキャンプに持ち込んだ1冊の本
・児玉清さんのパンツ一丁の面接試験
・無名だったプロゴルファーが、一流選手になれた、たった1つの理由
・テニスプレイヤー錦織圭が、試合に負けた直後に相手選手のコーチに聞いたこと
・漫画の神様、手塚治虫が「亡くなる直前の講演会」で語ったこと
などなど。

楽しみながら読んでいただくだけで、気持ちが前向きに変化して、ジワジワと「やる気」と「元気」がわいてきます。

さあ、ページを開いてください。
そして、あなたの「明日」を、今日よりも「明るい日」に変化させましょう！

西沢泰生

明日をちょっぴりがんばれる48の物語〈もくじ〉



第1章

# 「明日も、がんばろう」——そんな、前向きになれる話

第2章

## 「一歩踏み出してみよう」――そんな、勇気がわく話

第3章

## 「なりたい自分になれるかも」――そんな、自信がつく話

第4章

## 「なんだか、うまくいく気がする」——そんな、挑戦したくなる話

第5章

## 「肩ひじ張らなくていいんだ」――そんな、心が軽くなる話

# 第1章

# 「明日も、がんばろう」
## ——そんな、前向きになれる話

第1話

# デビュー前のマドンナが、タクシー運転手に告げたひと言

アメリカを代表する女性アーティストの1人、マドンナ。

ある年の『ギネスブック』では「史上最も成功した女性アーティスト」として紹介されたこともある、押しも押されもしない大スター。

そんな彼女、「トップダンサーになりたい」というのは子供のころからの夢だったそうです。

これは、そのマドンナが、まだデビューする前の1977年。

彼女が19歳だったころのお話。

当時のマドンナ、本名マドンナ・ルイーズ・チッコーネ（マドンナって本名だった

のですね！）は、奨学金をもらってミシガン大学のダンス科に通っていました。

そんなある日のこと。彼女は尊敬する憧れの振付師パール・ラングがニューヨークにいることを知ります。

「ダンスの本場、ニューヨークへ行ってラングに弟子入りしたい！」

そんな、心の底からわき上がる思いをおさえることができなくなった彼女は、いても立ってもいられなくなってしまったのです。

彼女は「奨学金がムダになる！」という親の猛反対を押し切り、とうとう独り、故郷ミシガンからニューヨーク行きの長距離バスに乗り込みます。

手持ちの全財産はたったの35ドル。日本円にして数千円。

しかし、自分の夢に向かって、「やる気」に火がついてしまった彼女には、もう自分を止めることはできませんでした。

やがて、バスはニューヨークに。

タクシーに乗り込んだ彼女は、運転手にこう告げたのです。

**「この街のど真ん中で降ろしてちょうだい！」**

この言葉。

マドンナの「宣戦布告」です。

大都会ニューヨークという魔物の巣の真っただ中に飛び込んで、スターとして、のし上がろうという自分を奮い立たせるための高らかな「宣言」。

タクシーが向かったのはニューヨークのタイムズスクエアでした。

まさに、世界のショービジネスのど真ん中に降り立ったマドンナは、そのとき、こう誓ったのです。

**「私は、世界で、神様よりも有名になる！」**

これも自分へのエールですね。

宣言をすることでテンションを上げて、自分自身を鼓舞《こぶ》する。

マドンナが極貧の下積み時代を経て、歌手デビューを果たすのは、これから約6年後のこと。世界的なスターになったのはご存じのとおりです。

最初の一歩が踏み出せないあなた。

マドンナのように「ハッタリに近い宣言」をしてみてはどうでしょう。

ハッタリって、自分でウソだとわかっていても、脳は「あれ、デキるのかな?」とダマされてしまうもの。自分で自分の背中を押すのに、なかなか使える手です。

ちなみに私は編集者の方と話をするとき、たとえば「執筆期間が短いですけど大丈夫ですか?」と言われると、「**大丈夫です。私、天才なので**」とハッタリをカマしています。(本当に!)

こうやって、相手に安心してもらって、自分を奮い立たせてから、「大船に乗ったつもりで安心してください。まあ、もしかすると大船の名前はタイタニックかも知れませんけど」と言って笑いをとるのです。

こうすると、少なくとも私が「短い執筆期間」に不安を持っていないことが伝わるのでそれでよいのです。(不安だったらジョークは言えませんからネ)

戦線布告のハッタリ宣言。ぜひ、試してみてください!

# 第2話 クマンバチは飛べない？

私が子供のころは、街角のツツジの花などによくクマンバチがいて、蜜《みつ》を吸っていました。子供心に「刺されたら死ぬ」と思って、見かけたら怒らせないように遠巻きにして逃げたものです。

でも最近は、本当に、ごくたま～に見かけるくらいになってしまいました。

ところであなたは、「**クマンバチは飛べない**」という説をどこかで聞いたことはありませんか？

私がこの学説（？）を知ったのは、たしか、何かのビジネス本でした。

初めて聞いたあなたは「学説もクソも、事実、普通に飛んでるじゃん！」て思いましたよね。

でも、以前はあのクマンバチ、航空力学的には「どうして飛べるのか？」の説明ができなかったのだそうです。

ダイエットに失敗したようなあの巨体。

それに似合わない羽根の小ささ。

たしかに「飛んでいるところ」を見ていなかったら、「コイツは飛べまい」と思ってしまうかも……。

ちなみに、クマンバチたちが飛べるのは、「空気に粘り気」があるからなのだそうです。

この「粘り気」、その数値は「レイノルズ数」と呼ばれていて、私たち人間にとっては感じられないくらいの数値なので関係ありませんが、身体が小さい昆虫たちにとっては効果抜群。

この「粘り気」のおかげで、クマンバチは「航空力学」を虫……ではなく無視して空を飛べるという次第。

**あなたが何かにチャレンジしようか悩んでいるとき、理屈や常識を振りかざして「飛べるわけがないからやめておいたほうがいい」という人がいたら、要注意です。**

たとえば、あなたが「小説家になりたい」と悩んでいて、誰かに相談した場合。

相談された相手はたぶんこんなことを思うでしょう。

「小説家なんてほとんどの人はそれで食べていけないと聞いている」→「たしか今は出版不況だから、たぶん本は売れない」→「だから成功しない」

そして、その人は最終的にあなたにこうアドバイスするのです。

**「成功しないから、やめたほうがいい」**

アドバイスをしてくれた相手は、あなたを心配してくれているのでしょう。

でも、そのアドバイスの根拠は「ほとんど」「聞いている」「たしか」「たぶん」という憶測ばかり。

「普通、作家では食べていけない」と、「普通」という名の常識に支配された言葉なのです。

これ、「航空力学」という常識に縛られて「たぶん、クマンバチは飛べない」と言い張っているようなもの。

飛べるか飛べないかなんて、飛んでみなければわかりません。

もし、クマンバチが「航空力学」を理解できて、他人から「たぶんあなたは飛ぶことはできない」「絶対に飛ばないほうがいい」って言われたら、**飛ぶ前に飛ぶことを諦めてしまう**かも知れませんね。**本当は飛べるのに**……。

「常識に縛られた他人のアドバイス」にどうかダマされないでください。

何もいきなり断崖から命がけで飛ぶことはないんです。

飛べるかどうか、とりあえず1回、試しに羽根をひらいて羽ばたいてみればいい。

羽根をひらいて羽ばたいてみるだけなら、ケガをすることはありません。

「**悲観論者はあらゆるチャンスに困難を見い出す。楽観主義者はあらゆる困難にチャンスを見い出す**」(チャーチル　イギリスの政治家・元首相)

第3話

# 三谷幸喜が壁にぶつかったとき

私は脚本家の三谷幸喜が好きです。

いや、正確には「三谷幸喜が書く脚本」が好きです。

三谷幸喜本人は、きっと一緒に飲んだら、少し面倒くさいタイプかも知れません。

（三谷さん、失礼！）

まあ、それはともかく、三谷さんの書く脚本では、どんなにシリアスなテーマの作品にも必ず「笑える場面」が入っています。

たとえ、NHKの大河ドラマ（今までに『新選組！』と『真田丸』の2本を担当）であろうと、その精神は活かされていて、毎回、必ず「クスッ」とするシーンが用意されているのです。

このことについて、かつて、三谷さんがテレビでインタビューに答えているのを見たことがあります。

三谷さんはこんな趣旨のことを言っていました。

**「コメディーには力がある。どんなにツライときでも、コメディーを見ると人はつい笑ってしまう。そして、笑うことで元気になることができる」**

彼は「コメディーが持つ力」を、いや、「**笑いが持つ力**」を信じているのです。

ですから、たとえ、アンチファンから「ふざけている」とどんなに避難されても、確信犯で「笑えるシーン」を挿入する。

「笑いの力」を信じているなんて、ああ見えて（三谷さん、重ね重ね失礼！）、その内面はとてもポジティブシンキングな人なのでしょう。

そんなポジティブな姿勢は、脚本を書いていて、たとえば「クライマックスの場面の描き方をどうするか？　などで壁にぶち当たったとき」にも発揮されています。

三谷さんは、「壁にぶち当たったとき」には、いつもこんなふうに考えるのだそうです。

**壁にぶち当たったということは、もうすぐゴールだ！**

インタビューで、三谷さんはこう言っていました。

「**私は『壁はゴールの近くにある』と考えるようにしている。だから、壁にぶつかったら『もうすぐゴールだ！』と自分を鼓舞するんです**」

たしかに、「壁」って、ゴールのすぐ手前に待っていることが多い気がします。

それまで、何とか進んできて、「やっとここまで来たか〜」と、少し気がゆるんだところで、考えもしなかった問題が発生して、「ええーっ、ここに来てそれ！」と思ったこと、あなたにもあるのではないでしょうか？

そんなときは、この「壁＝もうすぐゴールの合図」説を思い出す。

そして、壁の登場にショックを受けるのではなく、「**ゴール近くの壁、やっとキターッ！**」と、まるで「お友達」のようにポジティブに考えて、逆にテンションを上げるようにする。

そんなふうに考えれば、それを越えるためにいろいろと工夫するのも楽しくなってくるはず。

そもそも、すべての物事は、「自分の考え方次第」で「良いこと」にも「悪いこと」にもなります。

もう少しで完成する商品に欠陥が見つかって、開発をやり直さなければならなくなったとき、「ここまで来たのに最悪だ！」と考えるか、「世の中に出す前に欠陥が見つかってラッキーだった！」と思うかはあなた次第です。

第4話

# 錦織圭が相手選手のコーチに聞いたこと

今や、世界の一流テニスプレーヤーの1人となった錦織圭《にしこりけい》選手。
その錦織選手のライバルの1人、マリン・チリッチ選手の元コーチ、ボブ・ブレッドさんが、テレビ番組のインタビューで、錦織選手について、こんなことを語っていました。
あるとき、チリッチとの対戦に敗れた錦織選手が、その試合のあと、自分（ボブさん）にこう質問してきたというのです。

**「僕はどうしたらもっと強くなれますか？」**

繰り返しますが、これ、自分が負けた試合の直後に、その相手選手のコーチに対しての質問です。

臆することなく、あっけらかんとアドバイスを求めてしまう、この姿勢がすごい。

この貪欲さが「強くなる秘訣」ですね。

質問されたボブさんも器が大きくて、ポジショニングについてアドバイスをしたのだそうです。

自分に有益な話をしてくれそうなスゴイ人と接する機会があったら、積極果敢にアドバイスを求めたほうがいい。

あなたが「アドバイスして欲しい」と思う相手は「それなりの人」でしょう。

そういう人は、あなたの問いかけに対して、必ず真摯に答えてくれるはずです。

えっ？

「そういう人と接する機会があっても何を聞いてよいかわからない」ですって？

では、そんなあなたに必殺ワザを伝授しましょう。

「成功」に関する数々の著書があり、複数の企業の経営者でもある本田健氏。

若き日、アメリカで放浪の旅をしていた本田さんは、彼の著書『ユダヤ人大富豪の教え』（大和書房）の主人公のように、成功者である老人と食事をしては「**成功の秘訣**」を聞いていたそうです。

そもそもアメリカには「**（成功したければ）金持ちをランチに連れていけ！**」という言葉があるのだとか。

当時のアメリカでは、ベンチで穏やかな顔をして1人で座っている老人はたいていがお金持ちだったそうで、本田さんはそんな老人を見かけると、「ぜひ、私にランチをご馳走させてください」と話しかけました。

本田さん曰く。

「彼らは、ご馳走することには慣れているものの、ご馳走してもらうことはあまりないものです。だから（こう話しかけて）『おもしろい奴だな〜』と思ってもらえたら、（申し出を）ＯＫしてくれる可能性も出てきます」（カッコ内筆者）

そうやって、うまくお金持ちとランチをする機会を得た本田さん。

いつも最初にするのは、こんな質問でした。

**「こういうとき、あなたなら、どういう質問をしたと思いますか？」**

こう聞いて、相手が話したいことを話してもらえるように誘導したのですね。

こう質問すれば、「オレなら成功のための3つの秘訣を聞くね」とか「若いころの失敗談を聞くだろうな」など、相手が自分から勘どころについて教えてくれるという仕掛けです。

本田さんはそうして、彼らの舌がなめらかになったところで、「どんな本を読んだらよいか？」「何がきっかけで人生が変わったか？」「どうやってお金を儲けて、どういうシチュエーションでお金を失ったか？」などを聞いていったのだそうです。

この必殺技。

「スゴイ人」と食事をしたいとき、そして食事をすることになったときにぜひ使って、錦織選手や本田さんのように成長のタネにしちゃってください。

第5話

# エジソンが最後に作りたかった発明

蓄音機の発明や白熱電球の実用化などに成功し「発明王」と呼ばれたトーマス・エジソン。生涯に１３００に及ぶ発明をし、取得した特許の数は米国だけで１０９３件、外国特許を加えると２０００件を超えるそうです。

そのエジソンが晩年、何とか発明しようと必死になっていたのは、ちょっとオカルトがかったモノでした。

ズバリそれは、**「あの世と交信して死者と話をする装置」**。

エジソンは、「命というものは不滅のエネルギーで、肉体は滅んでも滅びることなく存在する」と考えていて、その不滅のエネルギーをとらえる装置を作れば死者の魂と交信できると考えていたのです。

その発想の是非はともかく（私は生まれ変わりを信じていますので、エジソンの考えに賛同しますが……）、彼はなぜ、そんなものを作りたいと考えたのでしょう？

それはたぶん、「もうすぐ自分は死ぬ」と考えたからなのではないでしょうか。

「発明」という「苦労を伴なう猛烈な快楽」にハマってしまい、眠る間も食べる間も惜しんで研究に明け暮れた生涯。エジソンは、その楽しい時間が「死」によって終わりを迎えることが無念でならなかった。

だから、死んだ人間の魂と交信できる装置を作って、死んだ後も「まだ死んでいない研究員たち」と交信して、**発明を続けたかったのではないか**……と思うのです。

「不老不死」は人間にとって「見果てぬ夢」です。

「万里の長城」を作った秦の始皇帝も、使者を使って「不老不死の薬」を探させたと聞いたことがあります。

かつて、ある関西の大御所タレントは、若い芸人たちに、こんなことを言っていたそうです。

「おまえたちは、成功しているベテランを見て『うらやましい』と思うかも知れへん。けどな、おまえら若手は、オレたちのようなベテランから見たら、『10億円出してもいいから買いたい』と思えるモノをすでに持っているんや。それは、『未来という時間』や！」

まだ若くて「未来という時間」をたくさん持っている。

これ以上の宝はありません。

でも、若いうちはその宝の「ありがたみ」がわからない。

「ありがたみ」がわからないから、実に「もったいない時間の使い方」をしてしまいます。「宝の持ち腐れ」とは、まさに、このこと。

「漫画の神様」と呼ばれた手塚治虫が、亡くなるわずか3か月前に大阪の中学校で行なった講演内容が残されています。

この講演の半年前に、すでにガンの手術をしていた手塚さん。講演のときの体調は最悪で、家族は大阪行きを必死で止めたのだとか。（映像を見ると、やせ細っていて

それだけで泣けてしまいます）

そんな状態で、「まだたくさんの未来を持っている中学生」に向けた講演の中で、手塚治虫はこう言い放ったのです。

**「まだ、20年、30年、漫画を描きます！」**

なんだか、自分の残り少ない命に対して、「もっとがんばれ！」と自らエールを送っているように聞こえます。

手塚治虫、享年60歳。「漫画のアイデアだけは、バーゲンセールをしたいくらいにある」と言っていた天才の早すぎる死でした。

あなたは、今、おいくつですか？

残念ながら、エジソンが「死んだあともこの世と交信できる装置」を発明する前に死んでしまったので、今生《こんじょう》で楽しめる時間には限りがあります。

あなたはその「残り時間」を大切に使っていますか？

第6話

# 村一番の美人が、ブ男と結婚した理由

20世紀半ばに大活躍した伝説的な営業講師であり、コンサルタントだったエルマー・ホイラー（1903〜1968）。

この方、販売に関するあらゆるテクニックを研究しただけでなく、10万5000におよぶセールス用のフレーズを分析し、それを1900万人に対してテストしたという人物です。

販売や接客の場面で、どんなトークを使えば、お客さんがどんな反応を、何パーセントの割合で示すのか？

そんなことを徹底的に研究した人ですね。

これからお話をするのは、彼の名著、『ステーキを売るな　シズルを売れ！』（エルマー・ホイラー著　パンローリング社）に登場する話です。

ある村にネルという名前のとても美しい娘がいました。

村一番の美人というだけでなく、気立てもよく、村の男たちにとってはマドンナのような存在。それなりに将来性のある何人かの男性とのお付き合いもありました。

ところが。

彼女はある日、突然、結婚をしてしまいます。

村の若者たちを驚かせたのは、彼女が結婚相手に選んだ男でした。

なんと彼女、一文無しで、しかも、とんでもないブ男と結婚してしまったのです。

「いったいどうして?」

村中の男たちの疑問を解消するべく、1人がネルに直接疑問をぶつけました。

「あなたほど美人で魅力のある女性が、なぜ、よりによってあんなブ男でお金のない男と結婚したのですか? 他にもよい男はたくさんいたでしょうに…」

そう聞かれた彼女。

楽しげに、こう答えたのです。

**「でも彼は、私に結婚してくださいと申し込んだ、ただ1人の男性だったんです！」**

この話を例に挙げて、「セールストークの神様」ホイラーさんは、読者に対してこう訴えています。

**「もし（契約の）サインが欲しいのなら、『サインしてください』と頼もう！」**（カッコ内筆者）

どんなにお客さんが買う気になっていても、クローズをかけられなければ返事ができません。

お客さんが「その気になってきたかな？」と思ったら、「サインの場所はこちらです」とか「納品は来週でよろしいでしょうか？」なんて、シレっとクローズをかけてみるのです。そうすれば、「来週はちょっと早い」とか「ダンナに相談してみないと」など、お客様の内心を知ることができます。

恐れてクローズをかけないでいるよりは、はるかに情報を手に入れられるし、話が前に進みます。

　この話の中のネルさんだって、誰も「私と結婚してください！」って言わないから、「イエス」とも「ノー」とも返事ができなかったのです。他の男たちが「高嶺《たかね》の花」として、遠くから眺めているうちに、このブ男がまんまと「ダメもと」でクローズをかけて、ＯＫをもらってしまったというわけですね。

　ある作家は、まだ1冊も本を出していないころ、会う人会う人に、「こんなテーマで本を出したいと考えているんですよ」と話し続けていました。

　そうしたらある日、「それ、ウチから出しませんか？」と編集者から声をかけられて、ついに本を出版することができたそうです。

　欲しいモノがあったら「欲しい」と声をあげて意志表示をしなくては手には入りません。

　**カフェに入って席に座っても、注文しなければ永遠にコーヒーは運ばれて来ないのです。**

第7話

# 無名のプロゴルファーが、キャディと交わした約束

フィジー出身のインド系プロゴルファー、ビジェイ・シン選手。

2004年に世界ランキング1位になり、その翌年には「世界ゴルフ殿堂入り」も果たしている、世界でも指折りの名選手です。

しかし、このシン選手、プロデビューしたあと、はじめはまったく活躍ができず、世界のメジャー大会どころか、日本のプロゴルフツアーに参加しても、パッとした成績を残せませんでした。

そんな彼が、世界の一流プレーヤーの仲間入りができた理由。

その理由について、シン選手自身はこう言っているのです。

**「私が一流選手になれた理由は、キャディとある約束をしてそれを守ったから。そのたった1つしか思い浮かばない」**

いったい、その「キャディとのたった1つの約束」とは、どんなものだったのでしょう?

プロゴルファーというのは、その日のプレーが終わっても、たいがいの選手はすぐにはシャワー室へ行かず、ゴルフ場内にある「パットの練習グリーン」へ行って、当日のプレーを思い返しながら「パットの練習」を繰り返してからグリーンをあとにするのだそうです。

もちろん、シン選手も、よほどのことがないかぎり、他のプレーヤーに混じって、パットの練習をしてからゴルフ場をあとにしていました。

シン選手がキャディと交わした、「自分を一流プレーヤーへ成長させてくれた唯一の理由」となった約束とは、次のようなものでした。

**いつも、その日の練習グリーンを最後に立ち去るプロゴルファーになる。**

そうです。

必ず、「最後の1人になるまで練習を続ける」というのが、キャディとの約束。シン選手は、その約束を実直に守って、いつもいつも、最後の1人になるまでパットの練習をしていたら、いつの間にか、世界のトッププレイヤーになっていたというわけです。

多くのプロスポーツ選手のメンタルカウンセラーでもあるスポーツ心理学者の児玉光雄教授は、著書『イチローの逆境力』（祥伝社黄金文庫）の中で、このシン選手のエピソードを例に挙げてこう言っています。

**「逆境を跳ね返す才能を身につけたかったら、日々あたりまえのことをこなしながら、『もうひと踏ん張りの精神』を持てばよい。つまり、ほかの人が店じまいをするときに『さあ、これから店を開けよう』という発想を持つこと」**

一流と、その手前で止まってしまう人の差。
それは**「もうひと踏ん張り」を「するかしないか」という「執着心があるかないか」**の差だと、教授は言っているのです。

そういえば、たしかタイガー・ウッズがテレビのインタビューで「ゴルフの英才教育を父親から受けていた子供のころ、10回連続でパットが入らないと練習を終わりにさせてもらえなかった」と答えていたのを見たことがあります。子供だったウッズは、毎日、泣きながら10回連続でパットが入るまで練習を続けていたのだそうです。
こんな練習をさせられたら、鉄のような執着心が育ちますよね。

他の人が「閉店ガラガラ」をしたあとが勝負!
そこから、ひと踏ん張りするかどうかが、「一流」「一流の手前」の分かれ道のようです。

第8話

# ホームランバッターは、いつも同じ席にいた

プロ野球で、「ミスター」といえば長嶋茂雄さんのことです。

でも、この「ミスター」の後に、「タイガース」を付けて、「ミスタータイガース」にすると、今度は掛布雅之《かけふまさゆき》さんを指すニックネームになります。

世代によっては、ミスタータイガースは「藤村富美男《ふじむらふみお》でしょ」「村山実《むらやまみのる》！」「いや田淵幸一《たぶちこういち》！」などの声があるかも知れませんが、少なくとも私にとってのミスタータイガースは、掛布さんでした。（あなたにとっては、どうぅ〜でもいい話ですね。失礼！）


さて。これは、かつて阪神タイガースの4番打者として、ホームランを連発し、1985年の優勝にも貢献した掛布さんの現役時代のエピソードです。

掛布さん、試合のときは、いつも決まってベンチの同じ席に座ったのだそうです。

その席が好きだったからではありません。

実は監督のことが大キライで、少しでも離れた席に座りたかったから……というわけでも、もちろんありません。

掛布さんにとっては、ちゃんと「自分が試合でいいプレイをするため」の明確な理由があったのです。

掛布さんがいつもベンチの同じ席に座ったワケは、次のようなものでした。

**「ベンチにいるとき、いつも、同じ角度から相手ピッチャーの投球を観察したかったから」**

掛布さんは、いつも同じ角度から相手ピッチャーの投球を見ることで、ピッチャーが投げたボールの回転の度合いや変化球の曲がり具合などを観察して、相手投手の「その日の調子」を判断していたというのです。

「ボールの回転数が多ければストレートが走っている」とか…。

「今日はスライダーが曲がりすぎているから外角のスライダーは捨てよう」とか…。

さらに、1球目はストレート、2球目はカーブ、など、1球1球を観察して、「その日のキャッチャー」がどんな配球でリードしているかも把握しようとしていたのだとか。

こうして、ベンチにいるときから、ピッチャーの投球とキャッチャーの配球をしっかりと分析していたというのです。

掛布さんは言っています。

**「そんなことを考えながら、ベンチに座ったまま、相手ピッチャーと頭の中でよく勝負をしていました」**

ベンチにいるときから真剣勝負。

二流選手がベンチで鼻クソをほじくっている間に、掛布さんは、1試合に30打席も40打席もバッターボックスに立っていたのですネ。

さすが「ミスタータイガース」！　ガンガン打ちまくったわけです。

この掛布さんの話は、「**自分が本番に臨んでいないときも、本番を想定して、観察し、頭を回転させること**」の大切さを教えてくれています。

この考え方、ビジネスのさまざまなシーンにも応用できる心がまえです。

先輩社員の仕事内容や手順を観察して覚えておき、いつでも代わりができるように頭の中でシミュレーションしておく。

先輩営業と同行していて、商談の場面に遭遇したら、自分がもし1人で営業に来たら、どう売り込むかを考えながら聞く。

他人がプレゼンしているとき、使えるフレーズを盗んだり、聞いている人たちのウケ具合を観察しながら聴く……などなど。

司会で一世を風靡した島田紳助さんも、新人のころ、先輩芸人の舞台は欠かさずに観て、ノートにギャグやウケ具合などを克明にメモして研究を重ねていたそうです。

ひかえにいるときから本番を想定して五感を研ぎ澄ませていれば、いざ、自分に本番が回ってきたときにあわてることなく、結果を残せるのですね。

第9話

# 「前後際断」の教え

禅に「**前後際断**《ぜんごさいだん》」という言葉があります。

「際断」は「裁断」と書くこともあるようですが、正しい表記は「際断」なのだとか。

ここで言う「前」とは、すでに終わってしまった「過去」のこと。「後」とは、これから先の「未来」のことを指します。

つまり、「**過去も未来も断ち切って、今、このときに集中せよ！**」という意味なのです。

何だか、テレビでおなじみの予備校講師、林修先生が学生たちに言う「今でしょ！」という決めゼリフを思い出しますね。

現在、プロ野球のソフトバンクホークスの監督をされている工藤公康《きみやす》さんはかつて現役のころ、この言葉を「座右の銘」にしているとインタビューで答えたことがあります。

この「前後際断」。もともとは、安土桃山時代から江戸時代前期にかけて活躍した臨済宗の僧、沢庵《たくあん》和尚（1573〜1646）が、剣術家であり大名でもあった柳生《やぎゅう》宗矩《むねのり》に、「人生の心がまえ」の1つとして説いた言葉だといわれています。

人間、ついつい「過去」を引きずってしまいます。

過去の失敗にとらわれて消極的になったり、どうしても許せない人がいて人間関係を狭めたり、取り返しのつかないことをいつまでも後悔したり……。

逆に「未来」に対しては、何となく不安を感じるもの。

中国の故事に「空が落ちてきたらどうしよう」と心配する男の話がありますよね。

「杞《き》」という国に住んでいた男が、毎日、「空が落ちてきたらどうしよう、大地が割れたらどうしよう」と心配ばかりして、世の中を憂《うれ》いていた。

ご存じのように、この故事から生まれたのが「杞憂《きゆう》（無用な心配をすること）」という熟語です。

この男のように、「未来」について、「ああなったらどうしよう、こうなったらどうしよう」と悲観的に予想し、心配してしまうことを、心理学の世界では「予期不安」と呼ぶそうです。

現代の例で言えば、「今日の会議で指名されておバカな発言をしてしまったらどうしよう」とか「事故で電車が止まって閉じ込められてしまったらどうしよう」というような、起こる確率が低いことを心配してしまう不安ですね。

そんな、「過去からの引きずり」や「未来への不安」を全部忘れて、**「今、この瞬間を無心に、精一杯生きよう！」**というのが、この「前後際断」です。

そもそも「禅」では、「過去」「現在」「未来」というものは続いているわけではなく、一瞬一瞬が独立していると考えるのだそうです。

もちろん、「今、この瞬間を生きる」とは、「今が楽しければいいや！」と考えて、

「遊んで過ごせ」ということではありません。

「邪念を断って、集中しなさい」と言っているのです。

「来年受験に受かるかな？　試験に落ちたらどうしよう？」と心配するより、「そうならないために、今、このときに勉強しなさい！」ということ。

そうやって、**「今」という時間をムダにせず、行動することが、結局は「イイ未来」を実現させる**のです。

過去のトラウマや、未来への不安で集中できないとき、この「前後裁断」という言葉を思い出してください。

そして、今できることに集中してください。

タイムマシンが発明されない限り、人間は、**「今できることを、今やる」以外、何もできない**のですから。

第10話

# 宇宙までの距離

いきなりクイズです。

**問題　地球から宇宙までの距離は何キロメートルあるでしょう？**

トンチではなく、真面目な問題として考えてくださいね。

ここでいう「宇宙」とは、地球の大気圏を抜けて、「空気が無くなり真空状態になる場所」のこととします。

ヒント。「地球から月までの距離は約38万４４００キロ」です。

さあ、ちょっと考えてみてください。

はい！　シンキングタイム、スタート！

……。

……。

考えましたか？

では、そろそろ、答えです。

地球から宇宙までの距離。

答えは……。

**約100キロメートル！**

初めてこの数字を知ったとき、思いました。

近すぎでしょ！　宇宙！

100キロといったら、東京から熱海までの距離（104・6キロ）とほぼ変わりません。

つまり、「新幹線」の「銀河鉄道こだま号」が東京駅から出ていたとして、それに乗り込めば、1時間もかからずにもう宇宙に着いてしまうのです。

ちなみに、地球から「国際宇宙ステーション（ISS）」までは約400キロ。ですから、ここを新幹線の最初の駅にしたら、距離だけでいえば、東京を出発して神戸に着くくらいの感覚ですね。

宇宙って、思っているよりもずっと近い。

それなのに、宇宙へ行くのがたいへんなのは、「遠い」からではなく、ひとえに、地球に「重力」があるせいなのです。

なんだか、この「重力」って「社会の常識」とか「他人とのしがらみ」のようにも思えてきます。

そんなやっかいなものから解放されれば、誰でもロケットのように宇宙（未知の世界）に飛び出すことができるのではないでしょうか。

人気作家、伊坂幸太郎の『重力ピエロ』（新潮文庫）という小説の中に、こんなセリフが出てきます。

**「ピエロが空中ブランコから飛ぶ時、みんな重力のことを忘れているんだ」**

面倒くさい「常識」や、わずらわしい「しがらみ」のことなんて、ピエロが空を飛ぶときに重力を忘れるように忘れてしまいませんか？

そうすれば、すごく遠くだと思っていた「宇宙」は、実はすぐ近くにあって、簡単に行くことができるのです。

# 第2章

# 「一歩踏み出してみよう」

## ——そんな、勇気がわく話

第11話

# ハーバードビジネススクールで何度も教えられること

ハーバード大学経営大学院（ハーバードビジネススクール）。

スタンフォード大学の経営大学院と共に、世界最難関の経営大学院として知られています。

日本では楽天の三木谷浩史社長がここでＭＢＡを取得していますね。

それこそ、「世界を動かすような」エリートたちが通うこの大学。

その入学試験において、しばしば出題される「課題エッセイ」のテーマは「**あなたは失敗から何を学びましたか？**」なのだそうです。

そして、この課題エッセイ、合否の判断基準として、かなり重視されているとのこと。

何しろ、このハーバードビジネススクール。

入学すると、あらゆる機会に、「失敗」を体験させられるのだとか。

授業中に他の学生との議論に敗れ、課題として与えられる起業体験で事業に失敗する。

ＯＢによる講演も、そのテーマは「失敗談」であることが多い。

失敗！　失敗‼　失敗!!!

学生は、ハーバードに「失敗を学びに通っている」と言っても過言ではないくらい、「失敗まみれ」にされるのだそうです。


なぜ、そこまで失敗を重視するのか。

最大の理由は、「入ってくる学生たちが、子供のころから優秀で、ほとんど失敗の経験がないから」。

ここの学生は、卒業後、20代ですぐに大企業の管理職や起業家になります。

そうなってから、「生まれて初めての失敗」をすると、挫折感で立ち直れなくなってしまう恐れがある。

だから、入試時に、作文で「失敗から学べる人物かどうか」を見極め、入学後は「いくらでも失敗ができる環境」で、死ぬほど失敗を体験してもらうのです。

その失敗の積み重ねが、社会に出てから大いに生きてくるという次第。

なるほど。

世の中で一番、勉強になるのは「失敗」ですから、世界最高レベルの教育機関で「失敗」を重視するというのは理にかなっています。

そうしてみると、私たちが仕事やプライベートでトライ&エラーをするのは、ハーバードビジネススクールで学ばされることと同じというわけです。

失敗してしまったら、落ち込むよりも、少し強引に「ハーバードでの授業を無料で受けちゃった」と考えればいいのでは。

「**失敗＝ハーバードビジネススクールの授業**」です。

この大学院に通う日本人学生（といっても日本でコンサルティング会社勤務の経験を持つ方ですが）の言葉です。

「（ハーバード大学経営大学院に通うようになって）『失敗はネガティブなものではなく、人生の一部だ』と思えるようになりました」

そう。

「失敗」は「人生の一部」

「いい経験ができて得した！」と思うくらいでいいのです。

第12話

# 人生の1打席目

**「霧《きり》が8割晴れていれば前進する」**

第二次大戦などで活躍し、映画にもなったアメリカの軍人、ジョージ・パットン将軍の言葉です。

思い切って行動をしなくてはならないとき、「2割くらいのリスクは無視すべし！」ということですね。戦場では、判断が遅れると、命取りにもなりかねません。

あのナポレオンも「**じっくり考えろ。ただし、行動すべきときが来たら、考えるのをやめて、進め！**」と言っています。

そういえば、『宇宙戦艦ヤマト』の艦長、沖田十三も、進むか否かの選択を迫られる場面で、「**慎重さは必要だが、100パーセントを待っていては、行動はできん。**

ここは決断しよう」と言っていましたっけ。

私は1冊目の本、『壁を越えられないときに教えてくれる一流の人のすごい考え方』（アスコム）を2012年9月に出しました。

普通の会社員でありながら、自費出版ではなく、いきなりの商業出版です。出版社から「出版」の決定はいただいたものの、いろいろな不安がありました。

たとえば、「そもそも会社は許可してくれるのか」とか、「いざ、書くとなったら、途中で挫折しないで、ちゃんと最後まで書き切ることができるのか」とか、「クイズの世界で少し有名なだけの私が書いた本を、果たして世の中の人が買ってくださるのか」とか……。（本当に「1冊も売れなかったらどうしよう」と思いました）

しかし、そんな心配は取り越し苦労でした。私のデビュー本は、発売されたその日にテレビの情報番組で取り上げていただき、テリー伊藤さんが絶賛してくださったことで火がつき、初版1万部はまたたく間に無くなって、すぐに増刷になったのです。

その後、その1冊目を読んで、気に入ってくださった、かんき出版の編集者の方に声をかけていただいて2冊目を出版。その2冊目もおかげさまでヒットし、それを読んでくださった別の編集者さんから立て続けに声がかかり……と、現在に至るまで、順調に本を出し続けることができています。

はっきり言って、これ以上ないほどの強運です。編集者さんはもちろん、読者であるアナタには足を向けて眠れません。もう立って眠るほど感謝しています。

しかし、一方でこうも思うのです。

もし、1冊目を出す前の「いろいろな不安」に負けて、「やっぱり、普通の会社員が商業出版なんて無理っスよね…」と私があきらめて「はじめの1歩」を踏み出すのをやめていたとしたら……。今までに私が出版した10冊を超える本は、ただの1冊も世に出ることはなかったのです。

私にはそれが、**「一歩目を踏み出すか？　踏み出さないか？」が分かれ道の多次元世界**のように思えて仕方がありません。

ドラえもんがポケットから「多次元世界ウォッチングツアー」ができる道具を出してくれて、「恐れをなして本を出すのを断念していた自分」の未来を見にいくことができたとしたら、そこにはいったいどんな自分がいるのでしょう……。
できることなら、その自分に向かって、「あの〜、私、多次元世界から来たアナタですけど、今からでも遅くないから、思い切って本を出したほうが面白いことになりますよ」と声をかけてあげたい。
当たり前ですが、トルストイだって、夏目漱石だって、どんなに偉大な作家にも、「最初の作品」があります。（文豪の皆さん、私の話のあとで恐縮です）
モノ書きだけではありません。**イチローにだって、生まれて初めてバッターボックスに立った「人生初の1打席目」があります。**もし、彼が「デッドボールが怖いから」とその1打席目に立っていなかったら、日本どころかメジャーリーグの歴史に名を残す名選手は誕生しなかったのです。

**8割霧が晴れているのに、2割の不安を恐れていたら何も始まりません。**
恐れずに「一歩目」を歩み出す！　誰にとっても、それがスタートです。
まず一歩！

第13話

# 最初の一歩に時間をかける

何ごとにおいてもそうですが、「最初の一歩」を踏み出すのって、ものすごくエネルギーを使います。

何かの本で、次のような言葉を読んだことがあります。

**「なまった身体を鍛えるという目的でジムへ通う決心をした場合、もし、ジムへ行くことができたら、それだけで目的の半分はかなったも同然である」**

ほとんどの人は「ジムへ行こうかな」と思っても実際には行きません。

それは、「ジムへ行く」という「最初の一歩」がとても面倒くさいから。

ですから、着替えを用意して、電車に乗って、実際にジムに行って入会の手続きを終えて、ストレッチマシンの前に立つことができたら、もうその時点で、「身体を鍛える」という目標の半分は達成したようなものという理論が成り立つのです。

セラピストであり「パーソナルモチベーター」という肩書きを持つ石井裕之氏は、その著書『人生を変える！「心のブレーキ」の外し方』（フォレスト出版）の中で**「最初の1歩にこそ、一番大きなエネルギーが必要なのだ」**と言っています。

そして、目標を達成するコツとして、次のような方法を提唱しているのです。

たとえば、「100ページの英語の本を10日で読破しよう！」という目標を立てた場合。つい、「10日で100ページということは、1日に10ページずつ読んでいけばいいんだな」と「均等割り」で考えてしまいがち。

しかし、それではうまくいきません。

なぜなら、そんなふうに考えてしまって、初日に2～3ページしか読むことができなかったら、もうその段階で「これはとてもダメだ」と挫折してしまうから。

それよりも、「最初の1歩にはエネルギーを使うから、はじめのうちはペースが遅くて当然」という理論に基づいて、次のように考えるとよい。

**「最初の2、3日は、1日に3ページも読めれば十分」**

そう考えて、あわてずに、最初のうちはわからない単語は全部、辞書で引いて、ゆっくりと時間をかけて読んでいく。

それどころか、あえて、先に進まずに、1度読み終えた少ないページの間を何度も繰り返して読む。

そうすると、それが「英文を読むこと」の準備体操になり、「英文を読めている自分」が潜在意識に刷り込まれるから、本の後半は、最初の遅いペースがウソのようにスムーズに読み進められるようになる。

**スタートは、繰り返して、できるだけ丁寧にゆっくりとやる。**

いかがですか。石井氏が提唱するこの方法。実は本を書くときにも有効です。

「200ページの本を2か月で書く」という場合。2か月を約10週間と考えれば、1週間に20ページを書いていけば書き終わる計算です。

しかし、私は実際に同じ納期で本を書くとき、最初の数日は本文の執筆にかかりません。では、何をしているのかというと、本文ではなく、「まえがき」を書くこととネタの収集に時間を費やしているのです。

「まえがき」は「その本のコンセプト」を語る重要な部分。ここに時間をかけることで、自分自身、どんな本にするか頭の中を整理し、集めるネタを決定することができます。逆に、ここがしっかり決まっていないと、本文がブレブレになってしまって、ネタもうまく集められず、ヘタをすると途中で行き詰まってしまうのです。

ちなみに私は、初めて小説形式でビジネス本を執筆したときは、約2か月間の執筆期間のうち、序章だけで10日以上をかけました。序章は繰り返し書き直し、文体や登場人物の個性、しゃべり方などを固めていったのです。ここに時間をかけたおかげで、その後の執筆では登場人物たちに命が宿り、勝手に動いてくれて、実に楽しみながら書き進めることができました。

何かを新たにスタートさせるとき、最初の段階でペースが上がらなくても、「**今、あえて時間をかけているんだ**」と考えてテンションが下がらないようにしましょう。

第14話

# 失敗は分割で！

会社で、後輩社員が、新しい仕事などを任されてプレッシャーに感じ、不安げにしていたりするのを見ると、私はよくこんな言葉を伝えていました。

**「大丈夫、失敗したって殺されるわけじゃないから」**

こう言ってあげると、たとえ軽薄な先輩（私のこと）の言葉でも、聞いた後輩社員はとたんにホッとした顔になって、「そうですよね、思い切ってやります」なんてカワイイことを言ってくれたものです。

この「失敗したって殺されるわけじゃない」って、実は私自身が、仕事でテンパってしまったときに「別に殺されるわけじゃないか……」と思い至って、心が楽になった魔法の言葉でした。

第11話の『ハーバードビジネススクールで何度も教えられること』の項目で言ったように、「失敗」は、ビジネススクールのエリートたちがわざわざ学ばされるほど有意義なもの。何もしないでいるよりは大いに失敗したほうが勉強になります。何度も言いますが、殺されるわけじゃないし！

知り合いの起業家は、「起業をするときの心得」として、次のようなことを言っていました。

「起業のアイデアなんて、そのほとんどは失敗に終わる。だから、1つのアイデアに全財産をかけてしまって、『このアイデアがダメなら私は終わりです』などというイチかバチかの勝負に出てしまってはいけない」

「持っている予算を10分割して、1つのアイデアには『全予算の10分の1』しかつぎ込まない。そして、考えたアイデアがダメならすぐにあきらめて、次のアイデアを試すくらいのほうがよい。そうすれば、1つのアイデアが失敗しても失うお金は予算の10分の1で済む」

「そういうやり方をするとトライが10回できる。起業では、そのうちの1つを成功させれば失敗の元はとれる」

なるほど、1回にすべてをかけてドカンと失敗するより、小出しに「**失敗を分割して、経験を積む**」のですね。

起業のように「成功したときの見返りが大きい事柄」なら、9回の失敗を糧《かて》にして、1回の成功を勝ち取ればいい。たしかに「失敗しても、たかだか10回のうちの1回」「打率1割でOK!」と思って取り組めば、楽な気持ちでノビノビ勝負できます。「ここで失敗したら終わり」なんて、怖気づいてチャンスを逃すのを防ぐこともできそうです。

もちろん、「オレは退路を断ったほうが死ぬ気でやれるから性に合っている」という人もいるかも知れません。そういう人は退路を断てばいい。そもそも、そういうタイプの人って、たとえ、失敗してすべてを失ったとしても、ゼロからムクムクと復活する力を持っていますから、退路を断った勝負をしても大丈夫なんです。

**「やりたいことはあるのに、なかなか勇気が出ない」**というあなた。

ぜひ、この「失敗を分割」するという方法を採用してみてください。

予算の10分の1をつぎ込むだけなら、どんなに失敗したって損失は10分の1どまり。そうだとわかっていれば、「そのチャレンジをするために必要な勇気」も10分の1で済みます。

第15話

# 水木しげるの「〇〇の力を信じる」

2015年末、惜しくも「こちらの世界」から「妖怪たちが住む世界」へと旅立たれた、漫画家の水木しげる先生。

先生は「漫画の達人」であると同時に「生き方の達人」でもありました。

水木先生が信条にしていた「しあわせになる秘訣」は、**「水木しげるの幸福の七か条」**として、その著書『水木サンの幸福論』（角川文庫）等の中で紹介されています。

その七か条は次のとおり。

**第一条　成功や栄誉や勝ち負けを目的に、ことを行ってはいけない。**

**第二条　しないではいられないことをし続けなさい。**

**第三条　他人との比較ではない、あくまで自分の楽しさを追及すべし。**

**第四条　〇〇の力を信じる。**
**第五条　才能と収入は別、努力は人を裏切ると心得よ。**
**第六条　怠け者になりなさい。**
**第七条　目に見えない世界を信じる。**

えっ？

「第四条の〇〇の部分はいったい何なのか？」ですって？

はい、その部分は、この本のテーマにピッタリだと思って、あえて、私が伏せ字にしました。

さあ、あなたはここに何という言葉が入るかわかりますか？

今回は、じらさずにすぐに答えをお伝えしましょう。

水木先生が「幸福になるための七か条」の1つとして、挙げたこと。

「〇〇の力を信じなさい」

その〇〇に入る言葉。

それは…。

**「好き」**

水木先生は、**「好きの力を信じなさい」**と言ったのです。

この「好きの力」って、いったいどういうことでしょう。

ほら、人間、「好きなこと」のためなら、どんな苦労も平気じゃないですか。

「明日の朝、5時起きしなさい」って言われたら、「えー、マジですか！」って思います。でも、それが旅行へ出かけるためならぜんぜん苦になりません。

「100回電話をかけなさい」って言われたら、「うそー、100回なんて信じらんなーい、ゲロゲロ」となりますが、大好きなアイドルグループのチケットをゲットするためだったら半日がかりで何本電話をかけてもヘッチャラですよね。

**「好き」には、スゴイ力があるのです。**

水木先生は生前、こんなことをおっしゃっていました。

**「私は自分が幸福だと思っています。それは好きな道で60年以上も奮闘して、（漫画を）描き続けてこられたからです」**

好きな仕事で60年…、ちょっとうらやましくもあります。

自分の好きなことを仕事にしたら、あるいは自分の仕事を好きになることができたら、苦労が苦労でなくなります。好きなことをしてお金が入ってきますから幸せになれるし、自分が持っている力の何倍ものパワーを発揮することもできます。

ちなみにこの「幸福の七か条」の第五条は、あふれる才能を持ちながらも、なかなか芽が出ずに貧乏を極めたセンセイならではの言葉。

そして、第六条は、決して「ダラダラと毎日怠けて過ごせ」という意味ではなく、「怠けていても困らないようになりなさい」というのが真意だと聞いたことがあります。これも、努力の末、世に出した、「鬼太郎」や「悪魔くん」たちが、自分に代わって稼いでくれていた先生ならではの言葉ですね。

第16話

# ジェームズ・ボンドが、何よりも恐れる敵は…

「卵のゆで時間はきっちり3分20秒」

「ドンペリは必ず3度以下に冷やして飲む」

「ビートルズはイヤフォンで聴かなければならない」

「紅茶は泥水のようなものだから飲んではいけない」


これらの風変わりな「こだわり」。

実はこれ、全部、作家イアン・フレミングが生み出したスーパーヒーロー、007ことジェームズ・ボンドの「こだわり」なのです。

なんとも人間的な面を持つこのヒーロー。言うまでもなく、何度も映画化され、イギリスだけでなく世界中にたくさんのファンがいます。

「原作のイメージにもっとも近い」といわれるティモシー・ダルトンは、初代のショーン・コネリーの後釜としてボンド役のオファーが来たとき、「自分はまだ若すぎる」と断わったとか。ダルトンが4代目のボンド役を引き受けたのは、それから18年後というこだわりぶり。いかにボンドが英国の国民的スターかがわかりますね。

さて。このジェームズ・ボンド。

仕事はイギリス当局の諜報部員。平たく言えばスパイ。

国のスパイということは、要するに国家公務員ですね。

彼は「お国のために」日々、無茶なミッションに取り組んでいるわけです。

ときにはテロ組織と、ときには世界征服をたくらむマッドサイエンティスト（イカれた科学者）と命をかけて戦う。

毎回、ミッションを遂行するために、とんでもない敵と戦うわけですが、実は「彼にとっての最大の敵」はそんなものではなかったのです…。

彼にとっての「最大の敵」。

それは……。

**退屈。**

彼がもっとも憎み、嫌っているもの。

それは、「退屈」であり、「平穏な日々」だったのです。

映画『ロシアより愛をこめて』の原作、『ロシアから愛をこめて』の中で、ボンドは**「神々が打ち滅ぼさんとしたまいしもの、まず退屈なり」**と独り言をつぶやいています。

平穏な日々による「退屈」が我慢できないから、上司Mからの無理難題に喜々として挑んでいたとは……。どうも、いつも何となく嬉しそうに任務を遂行していると思ったんですよ。

ボンドのように、走っている列車から飛び降りたり、車で追いかけっこをするつもりはぜんぜんありませんが、この言葉には共感です。

何の障害もなく楽々とクリアできるロールプレイングゲームがまったく面白くないように、何の変化も事件も起こらない人生なんて退屈でしょう。

すべてのスポーツは「なかなかうまくいかないことを楽しむもの」と何かの本で読んだこともあります。

何不自由のない大金持ちの生活は1か月で飽きてしまいます。「思うようにいかないこと」があって、それが、ときどきうまくいくからこそ、人生はオモシロイ。


今度、上司から無理難題な仕事を申し渡されたら、ボンドになった気分で「**ふふっ、いい退屈しのぎだ!**」なんて思って取り組んでみてください。

そして、見事に「ミッション」をクリアしたら、勝利のワイン（飲めない人はノンアルコールビール）を開けましょう!


「**人生において最も耐えがたいことは、悪天候が続くことではなく、雲一つ無い晴天が続くことである**」（カール・ヒルティ　スイスの法学者　1833~1909）

第17話

# あなたを支えてくれる、あなたが知らない人

あなた、もし突然、自分がまったく知らない1000人の前でスピーチをしなくてはならなくなったとしたらどうですか？

きっと口から心臓が飛び出して振り子になるくらい緊張しますよね。

ものの本によれば、そんなときは、「**聴衆の中に、1人、自分のファンを見つける**」といいそうです。聴衆が何人であろうと。とにかく、あなたの話に熱心にうなずいてくれている（ように見える）人や、メモをとっている人、あるいは「がんばれ」というまなざしを向けてくれている人を見つけて、その人に語りかけるように意識して話すと、アガって頭の中が真っ白になるのを防ぐことができるのだそうです。

この方法を知って以来、私は多くの人の前で話をするときは、必ずこの方法を実行

しています。効果は上々で、以前は、人前で話すとき、すぐに頭の中が白銀の世界になったものですが、今では何とか落ち着いて話せるようになりました。

さて。

この「聴衆の中に応援してくれる人を見つける」という方法。

目の前に話を聞いてくれる人たちがいる場合は、たしかに有効です。

でも、たとえば「ブログ」のように、目の前に聴衆（読者）がいない場合にはどうでしょう。目線を意識してアガることはないかも知れませんが、今度は反応がわからない分、自分を応援してくれる人がいるのか不安になってきます。

もちろん、ブログへのアクセス数はわかりますが、それはただの数字。読者の心に響くことができたかどうかの目安となるのは、「ブログへの書き込み」ですね。

私は、まだ、「本を出したい」と悶々としていたころ。とにもかくにも、「自分がまったく知らない人たちへの文章発信ツール」としてブログをスタートさせました。

ですから、ブログでは、はじめから「読者」を意識して、毎回毎回、「読んでくれた人に何か役立つ内容」を1つか2つは入れるようにして書き続けたのです。

すると、すぐに、アクセスしてくれる人があらわれて、毎日、数10人の方が閲読してくれるようになりました。

しかし……、それだけのことです。

ブログを始めてしばらくすると、「書いているのは楽しいけれど、こんなことをしていて、本を書くことにつながっていくのだろうか?」と思いはじめていました。

ちょうどそのころのこと。1人の女性から書き込みがありました。

ハンドルネームは「サザエさん」。

知り合いではなく、「まったく知らない人」からの書き込みは初めてのことです。

内容は、「はじめまして♪　通りすがりの者です。このブログ、雑誌のエッセイを見ているようで、ここ数日楽しく拝見させて頂いています。毎日こんな記事が書けるなんて本当にステキですね～」(サザエ)という軽いエールでした。

その後、サザエさんは転職や新しい仕事でいろいろと悩み、「このブログに励まされています」というような書き込みをくださるようになっていったのです。

**自分のブログを読んで、励みにしてくれている人がいる！**

私は、その事実に、素直に感動しました。1000人の聴衆の前でテンパりそうになったとき、1人、話を熱心に聞いてくれる人を見つけたような気持ちです。

もし、サザエさんの存在がなければ、もしかしたら私はブログを止めていて、今、こうして本を書いていることはなかったかも知れません。

**あるベストセラー作家も、1人目のファンレターをもらったとき、初めて、「あっ、自分は作家を続けられる」と感じたそうです。**

あなたのことを支えてくれる、あなたが知らない人。

「そんな人いない」というあなたは、まだその存在に気がついていないだけです。

あなたを陰から支えてくれている人は必ずいます。

その人たちの存在に気がつき、感謝したときに、新たな道が開けます。

第18話

# 大谷翔平がキャンプに持ち込んだ1冊の本

今や「日本プロ野球のエース」と言っても過言ではない、日本ハムファイターズの大谷翔平選手。

プロ野球選手でありながら、ピッチャーとバッターの両方をこなすという二刀流。まるで、「漫画の世界から抜け出してきた」ようなワクワクさせてくれるスター選手です。

その大谷選手がプロ入りをしたのは2013年のこと。

実は、このプロ入りして最初の年に、大谷選手がたった1冊だけキャンプに持ち込んだ本は、なんと私が書いた本でした。

その本とは『壁を越えられないときに教えてくれる一流の人のすごい考え方』（ア

スコム）。大谷選手がキャンプインする前の年、２０１２年９月に発売された、私のデビュー本です。

内容は、イチローや矢沢永吉など、一流と言われる人たちのエピソードをクイズ形式にして、その考え方を紹介するというもの。

話題のルーキー、大谷選手がこの本をキャンプに持ち込んだことは、当時のスポーツ新聞（２０１３年１月31日『スポーツ報知』）に、本の表紙入りでドーンと取り上げられました。

記事の大タイトルは「イチロー　ドクター中松　矢沢永吉　赤塚不二夫　夏目漱石　江頭２：50　から学び　大谷超一流」。中・小タイトルは「考え方紹介の本持ち込む」「きょう沖縄入り」。

記事の一部を引用すると……。

**〈日本ハムのドラフト1位・大谷翔平投手（18）＝花巻東＝が『一流イズム』を取り入れ、超一流への道を歩む。キャンプ地・沖縄入りを翌日に控えた30日、必須アイテムとして単行本「壁を越えられないときに教えてくれる一流の人のすごい考え方」（西沢泰生著、アスコム）＝写真＝を持ち込む考えを明かした。（中略）「1冊、持っ**

ていきます。一流の人の本です。あっちで読みたいです」。キャンプ中での自由時間に読むつもりで、一流を目指す黄金ルーキーが、偉人の教えを学び取る考えだ。〉

この記事が出るやいなや、同書のアマゾンでの順位は急上昇！

無名のド新人著者である私の本は3万部を超えるヒットになったのです。

それにしても、どうして、大谷選手がこの本を手にすることになったのでしょう？

記事の中には、こう書かれていました。

〈同書は、今月中旬に知人から手渡されたもの。〉

この「知人」の正体は、女性スポーツフリーライターの高橋昌江さん。

ソフトボール経験者の高橋さんは、生まれ育った宮城県に在住。スポーツライターとして、主に東北地方のアマチュア野球やプロ野球を取材されています。大谷選手だけでなく、東北出身のプロ野球選手の多くが高校生当時から親しくされている方なのです。

その彼女が私のデビュー本を偶然に読んで気に入ってくださり、キャンプ入りを控えた大谷選手に「読んでみては」と手渡した……というのが、ことの真相でした。

高橋さんが出版社（アスコム）へ「出版社の許可も得ずに大谷選手に本を渡してしまったところ、とんでもなく大きな記事で扱われてしまい申し訳ありません」という内容の手紙を送り、アスコムから「こんな手紙が来ました。すぐに記事を入手します」と連絡が入って、私はこの嬉しいニュースを知ったのでした。

高橋さんとは、その後、連絡を取り合い、今までに3回ほどお目にかかっています。まだ若いのに自分のミッションをきっちり認識されていて、話をしているとこっちのほうが「もっとしっかりしなくては……」と思ってしまうような女性です。

偶然に、そんな彼女が本を買ってくれて、ちょうどキャンプインするタイミングの大谷選手に贈り、それを偶然にも、記者が聞き出して記事になり、それが、無名の私のデビュー本のヒットにつながる……。はっきり言って、奇跡的な幸運の連続。

私はこの奇跡を思い出すたびに、感謝すると共に、**「偶然の幸運」は人が運んできてくれる**ということを再認識するのです。

第19話

# この道より、われを生かす道なし。この道を歩く

**この道より、われを生かす道なし。この道を歩く。**


これは作家の武者小路実篤の言葉です。

彼にとっては、執筆が「われを生かす道」だったのですね。

人生において、「この道より、われを生かす道なし」と思える道を見つけた人はそれだけで幸せです。

イチローなら野球。

手塚治虫なら漫画。

明石家さんまならお笑い。

自分を生かせる道を歩み、自分の持っている力をいかんなく発揮する。

だからこそ、一流として道を究めることができたのでしょう。

第4話にもご登場いただいている作家の本田健さんは、著書『決めた未来しか実現しない』（サンマーク出版）の中で、こんなことを言っています。

**「人生で最大の不幸は、自分の居場所を間違うことだ」**

本田さんは作家になる前、会計の仕事をしていた当時、いつも仕事をしながら強い違和感にさいなまれていたそうです。

「どうして自分は今、他人の会社の領収書を整理したり、帳簿をチェックしているのだろう？」と毎日のように考えていたのだとか。

会計の仕事を馬鹿にしているわけではなく、とにかく「自分には向いていない」と思えて仕方なかったそうです。

そして、ご自身のそうした経験から、こう訴えているのです。

「人は、本来いるべきでないところにいると、どんどんつらくなっていきます。（中略）もし、あなたがいまいる『場所』に違和感を感じていたら、積極的に場所を変えていくタイミングがきたと思ってください」

私の場合、「われを生かす道」は何かといえば、「何かを書いて人に喜んでもらうこと」です。

初めて漫画を描いて友達に見せたのは小学校入学前でした。

小学生当時は、ノートに漫画を描いてクラスの友達に回し読みをしてもらい、中学生のときには、足を折って入院した担任の先生のお見舞いのために漫画（ノート4冊の大作）を描いて病院へ持って行ったこともあります。

高校生のときは美術研究会。大学では漫画研究会と、ともに自分が描いた作品を人さまに見てもらうクラブに所属。

そして、就職してからは広報部門に所属し、社内報を作っていました。

本当に、ずっとずっと何かを書いて（描いて）人に読んで（見て）もらい続けてきたのです。

そんな私ですから、新卒入社して以来、ずっと広報を担当していた会社が無くなり、新しく入った会社で営業を補佐する仕事についたとき、本田氏が会計の仕事で感じたのと同じ違和感を抱き続けることになったのです。

ブログを始めたのも、商業出版の道を目指したのも、結局は**「自分にとって居心地のよい場所」へと移動しただけ**だったのかも知れません。

私は、自分が書いたものを人に読んでもらって、その人が楽しんでくれるのが楽しくて仕方がない。

「この道より、われを生かす道なし。この道を歩く」です。


あなたは、今、自分がいる場所に違和感を持っていませんか？

その場所は、本当にあなたを活かす道でしょうか？

人間一生、物見遊山。

せっかく「この世」に遊びに来たのです。

やる気の導火線に火をつけて、パーッと弾けてみませんか？

# 第3章

# 「なりたい自分になれるかも」

## ――そんな、自信がつく話

第20話

# 気が乗らないときは、先手必勝で

たとえば。

何となく気が乗らない集まりから誘いが来てしまったとき。

行かなくて済むのなら、行かなければいいだけのことです。

「行かなかったら、イヤなヤツだと思われるのではないか?」なんて、気にする必要はありません。

あなたが考えているほど、その集まりに来る人たちは、「あなたの出欠」について気にしてはいないと断言します。

だから、もし、欠席という選択肢を選べる集まりなら、遠慮なく欠席してしまえばいい。

しかし、問題は「欠席すると、カドが立つような場合」です。

組織に属していると、そんな集まりが、たまにありますよね。

会場が自宅から遠くて気が乗らない。

会費が高くて気が乗らない。

終了時間が遅くて気が乗らない。

エライ人ばかりで、参加してもポツンと独りになりそうで気が乗らない。

など、「気が乗らない」理由はいろいろとあると思います。

でも、自分の立場や、相手との兼ね合いで、出席しないと、ちょっとマズイことになる……。そんなときはいったいどうすればよいのでしょう?

そんなときは、先手を打つのです。

あらかじめ、そういう気乗りしない集まりがあると予測できるとき、いやいや行くくらいなら、いっそ、自分のほうから「ある手」を使うのです。

それはこんな手です。

**いやいや行くくらいなら、いっそ、幹事をやってしまう。**

そこのあなた。

今、「ただでさえ気が乗らない集まりなのに、その上、幹事をやるなんて、やなカンジ」って思いましたね。

でも、ちょっと考えてみてください。

幹事をやると「イイこと」がたくさんあります。

まず、自分で好きな「会場」を選べます。もちろん、ある程度の希望は出るでしょうが、その希望を叶えつつ、自分の好きな「会場」にしてしまえばいい。

会費も終了時間も同様。自分に都合のよいように設定できます。

だって、幹事なんですから！

文句を言ってくる相手には、「じゃあ。幹事、代わってくれる？」と言えば黙っちゃいます。

そして当日、幹事をやっていれば、「会場との打ち合わせ」と称して、気まずくなったらいつでも席を外せます。

これだけ、いろいろメリットがある上に、あとから「幹事お疲れさま」って感謝までされるのです。

実はこれ、仕事も一緒。

たとえば、職場で、イベントやプロジェクトのメンバーになったとき、「しかたなくやらされている」っていう考えだと、どうにもこうにもツマラナイもの。

しかし、自分がまるで、そのイベントやプロジェクトのリーダーになったつもりで、**「参加者」から「主催者」になった瞬間、あっという間に、気持ちの持ちようが変わります。**

何も本当にリーダーをやる必要はありません。

この「イベント」「プロジェクト」は、「私が成功させてやる！」っていう気持ちで臨めばそれだけでスタンスが激変するのです。

まるで、幹事になったように仕事に取り組む。

これ、仕事を楽しむ秘訣の1つです。

# 第21話 やっかいな生徒をリーダーに変えたひと言

ちょっと想像してみてください。

あなたは小学校の先生。

今度、新しく4年生を担任することになりました。

新しく受け持つクラスの名簿を見たあなたは、1人の生徒の名を見つけて不安になります。

クラスの中に、評判の「やっかいな生徒」が含まれていたのです。

その生徒、決して頭は悪くないのですが、とにかくいたずら好き。

男の子とはケンカをし、女の子はからかう。そして、授業中に騒いで規律を乱す。

彼が3年生だったときの担任は、しょっちゅう職員室で彼についての愚痴をこぼしていました。

そんな、やっかい者を担任しなければならなくなってしまったのです…。

実はこれ、アメリカの教育家デール・カーネギーの名著、『人を動かす』（創元社）の中に出てくる実話です。

生徒の名は、人呼んで「悪たれトミー」。

彼を担任することになったのはポプキンスさんという女の先生。

このポプキンス先生。

担任となった最初の日に、クラス全員の前で、このトミーにある言葉をかけます。

そのわずか数秒の言葉によって、この「悪たれトミー」、なんと、生徒たちを率先してまとめる「クラスのリーダー役」に変身してしまったのです。

ポプキンス先生が「悪たれトミー」をリーダーに変身させてしまったひと言、あなたにはわかりますか？

ポプキンス先生は、トミーにこんな言葉をかけたのです。

「トミー、君は生まれながらのリーダーなんだってね」

言われたトミーは驚いたでしょうね。それまでの先生たちは、自分をしかることはあっても褒めることなんてなかったでしょうから。

ポプキンス先生は続けてこう言います。

「先生は、このクラスを、今年の4年のなかでいちばんいいクラスにしようと思っているの。それには、君がいちばんのたよりよ。たのむわね」

ポプキンス先生は、その後も、事あるごとにトミーを褒め、周りにも「あの子はいい子」と言い続けたそうです。トミーが先生の期待どおりのリーダーに変身するのに、そう時間はかかりませんでした。

さて、ここからは私がまだ中学生だったころの体験談。

当時、私のクラスには1人のツッパリ君がいました。仮に河原君としましょう。どの先生も、腫れ物に触るように扱っていたのです。

しかしそんな中、理科の先生だけは河原君を無視せず、他の生徒と同様に扱って……、いや、同様どころか、実験の手伝いなどでは、むしろ積極的に河原君を指名し、実験を手伝ってくれた彼に「ありがとう」とお礼を言ったりしていました。

あるとき、質問に答えられなかった河原君に対して、この先生が言った言葉を私は今も忘れられません。

**「河原君は、やればできるって先生は知っているから」**

他の先生の授業では、騒いで授業の進行の邪魔をしていた河原君ですが、その理科の先生の授業では、まったく騒ぐことはありませんでした。

トミーと同じですね。

**相手を認めて、期待をかける。**

たったこれだけのことで、魔法のように人が別人に変わることがあるのです。

これ、「自分自身」も同じ。まず、**自分で自分を信頼して、自分に期待をかけてみてください。**別人に変わるきっかけになるかも知れませんぞ。

第22話

# 「やる気オーラ」に囲まれると…

本を書き始めたころ、新宿にお気に入りのカフェが1軒ありました。

なぜそのカフェが好きだったのかというと、店内が「やる気オーラ」に満ちていたから。

というのは、そのカフェと同じビルの中に、生徒に課題をバンバン出すことで有名な専門学校があり、カフェにいるお客の多くがその学校の生徒たちだったのです。

分厚い専門書を読む者、パソコンの画面でレポートらしき文章を作成している者、辞書と首っぴきで英文に向き合っている者など、誰もが「勉強オーラ」をムンムン放っていました。

こういう「やる気オーラの森」の中にいると、こっちまで「やる気」が出てくるものです。少なくとも、自宅で執筆をするよりは、原稿を書くスピードが3倍くらいは早くになっていたと思います。(残念ながら、そのカフェはすでに無くなってしまいました)

コーチング心理学で有名なアリソン・リー氏とアンソニー・M・グラント氏は、こんなことを言っています。

**「幸せな人の友人は幸せになり、その友人のそのまた友人にまで、幸せは伝わって広まる」**(『8週間で幸福になる8つのステップ』ディスカヴァー・トゥエンティワン刊)

同書によると。

- **友人が幸せになると、自分の幸福度も15パーセント上がる**
- **友人の友人が幸せだと、自分の幸福度も10パーセント上がる**
- **友人の友人の友人が幸せだと、自分の幸福度も6パーセント上がる**

のだとか。

どこまで信じるかはあなた次第ですが、たとえば「友達」が成功すれば嬉しいし、応援することで「友達の幸せ」を共有できます。

そう考えると、たしかに「幸福度」は上がりそうですね。

私は、この「幸福度」に関する理論、「幸福」だけでなく、「やる気」にも当てはまると思っています。

つまり。

**「やる気のある人」が近くにいると、それだけで「自分のやる気」もアップする。**

たとえ、「同じ会社」に勤めていたとしても、「オレたちの手で会社を変えていこう!」と、やる気満々の人たちと付き合っていればテンションが上がってくるし、「どうしてウチの会社はこんなにケチなのかね。そういえばこの前も課長がさ……」と、グチしか言わない人たちと付き合えばどんどんやる気が失せていきますよね。

私は2015年の秋から、電子書籍の発行を教える「晴山塾」(塾長＝晴山陽一氏)で塾長補佐(発作じゃないですよ。「塾長発作」ってそこそこの事件ですから(笑))をお受けしていて、本を初めて書く塾生のお手伝いをしています。

塾では、「本にして伝えたいことはあるけど、原稿が書けるかどうか不安」としりごみをする人とたくさん出会いました。しかし、最初はそう言っていた人が、塾生となって「やる気」のある同期生たちと交流するうちに、自分の「やる気」に火がつき、結果、素晴らしい本を執筆する姿を目の当たりにしています。

だから、**「やる気」は「伝染《うつ》る」**と自信を持って言えるのです。

ちなみにこの「**周りの他者の行動を見て、自分もそのとおりに行動するようになる**」という脳の機能は、「オシレーター」と呼ばれていて、ちゃんと科学的に証明されているのだそうです。

「やる気」を出したければ、シラケた人に近寄らず、モチベーションの高い仲間たちの中に身を置くことですネ。

第23話

# 「根拠のない自信」を信じる

以前にどこかでこんな言葉を聞いたことがあります。

**「自信には根拠は要らない。根拠のある自信は、自信ではなくただの勝算。根拠が崩れた途端に一緒に崩れ去ってしまう。だから、自信には根拠があってはならない」**

もっともな意見です。

そして、私は、この「根拠のない自信」を持っていて、「自分の運」の強さを「何の根拠もなく」信じている1人なのです。

「自分の運を信じる」なんて、「そんなのただの思い込みで自分をダマしているだけでしょ」と思った方もおられるかも知れません。

でも、本気で信じていれば、実際に効果があるものなんです。


これは私がまだ某企業で社内報を担当していたときのこと。

地方の社長さんのインタビューへライターさんと一緒に飛行機で向かう出張を予定している日に、天気予報で台風という予報が出たのです。

「飛行機の欠航もあり得るし、雨で屋外での写真撮影ができない可能性が高いので、予定を変更しましょう」と心配するライターさんへ私はこう言いました。


**「私が行くから、ぜったいにその日で大丈夫です」**


こんなおバカなこと、自分の運を信じ切っていなければ言えません。

相手のライターさんも、たぶん内心、「この人、頭がおかしいのでは……」と思ったことでしょう。

さて。私のひと言で取材を強行した当日。

予報のとおり、台風はやってきましたが、飛行機は何とか予定どおりに飛び、目的地に無事に到着。天気予報では、ほぼ、飛行機は絶望というような予報でしたから、この時点でライターさんは「奇跡ですね」なんて言っていました。

現地は雨でしたが、最初は屋内での社長インタビューですから、問題なく終了。しかし、まだそのあと、車で少し移動した場所で、「屋外での写真撮影」という予定が残っていました。こればっかりは雨だとちょっとツラい。傘をさすと写真としてよくないし、傘なしでの撮影だと社長さんが雨に濡れてしまいます。

インタビューが終わっても外はまだ雨。

「とりあえず撮影場所へ移動しましょう」ということで、営業車へ乗り込みました。

と、ここでまた奇跡が！

車で移動しているうちに、ウソのように見る見る青空が広がってきたのです。俗にいう「台風の目」に入ったのでしょう。とにかく、撮影場所に着いたときには、すっかり晴れていて無事に社長さんの写真を撮ることができました。

そして、撮影を終えた私たちが車に乗り込み、帰路についた途端、今度は一気に曇りはじめ、すぐにザーザー降りになったのでした。

本当に奇跡の連続。もう、ライターさんが驚くのなんの！

私はライターさんの中で、「頭のおかしい人」から、すっかり「奇跡を起こす男」に変貌したのでした。

当日、飛行機が飛んだのも、撮影のときに晴れ上がったのも、言うまでもなく、すべて偶然です。

ただ、私は「自分がうまく行くと信じ切っていたからこそうまくいった」と本気で思っているのです。

矛盾しているのはわかっています。しかし、あなたにもぜひ、「**根拠のない自信**」を信じてみてもらいたいのです。

本当にいろいろなことがうまく行くようになると保証します。

コツは1つだけ。「そんなこと信じたって、本当はウマくいかないよね」とはいっさい思わず、とにかく「**1ミリも疑わずに自分の運を信じる**」それだけです。

第24話

# 『笑点』の山田クンが欲しがった賞品

国民的人気番組『笑点』。その「座布団運び」といえば山田隆夫さんです。

本人が時々、自己紹介のときに言っているように、山田さん、かつては「ずうとるび」（名前はもちろんビートルズのパロディ）というアイドルグループのリーダーでした。

今の山田さんを見ると信じられないかも知れませんが（山田さん、失礼！）、当時の人気たるや、ブロマイドの売上は毎週のようにトップ。デビューした年に即、紅白歌合戦に出場を果たすなど、本当にトップアイドルだったのです。

山田さんの芸能界デビューのきっかけは、10歳のときに「ちびっこのど自慢」に飛び入り参加して優勝したことでした。

その後、ぽつぽつとドラマやバラエティーに出るようになったそうですが、何といっても運命を変えたのは、人気番組『笑点』との出合い。

山田さんが、ある番組で落語の『寿限無《じゅげむ》』を演っているのを偶然、『笑点』の放送作家が見て、「この子を中心にして、『ちびっ子大喜利』をやろう」と考えたのです。

そして、その『ちびっ子大喜利』に集められたのが、のちに「ずうとるび」のメンバーになる新井クンや江藤クンたち。

『ちびっ子大喜利』の司会は、当時の『笑点』の司会者、三波伸介さん。

「よい答えを出すと座布団がもらえる」というルールも本物の大喜利と一緒でした。

さて、ここであなたに質問。

『ちびっ子大喜利』のレギュラーになった山田さんが、番組プロデューサーから「座布団10枚をためたら、どんな賞品が欲しい？」と聞かれたときに、「これが欲しい！」と即答した賞品とはいったい何だったと思いますか？

「焼肉食べ放題」とかではありません。まだ子供だったのに、はっきり言って山田クン、なかなか「したたか」でした。山田クンはプロデューサーの「座布団10枚で何が欲しい」という問いにこう答えたのです。

**「レコードデビューさせてください！」**

実は山田クン、同じころにデビューした郷ひろみさんが女の子にキャーキャー言われているのを見て、「よし、俺も歌手になろう！」と考えたのです。

それで、プロデューサーから「賞品は何が欲しい？」と聞かれたときに、まっさきに手を挙げて「座布団が10枚たまったらレコードを出させてください！」とお願いしたというわけ。

当時は歌謡曲の人気が全盛で、この山田クンの希望にあっさりＯＫが出ます。

そして、彼は、実際に座布団を10枚ためて、１９７４年に「ずうとるび」を結成。なんと自分で作詞作曲した『透明人間』という曲でデビューを果たすのです。

デビュー後の人気爆発ぶりは前述のとおり。

「アイドルになりたい」と思うきっかけになった郷ひろみの人気を抜いてしまった（もちろん一時的にですが……）のですから立派なもの。

すごいと思うのは、小学生だった山田クンが「自分の未来の可能性へつながる賞品」をその場で即、提案できたことです。

以前に、私が大好きな作家、ひすいこたろうさんが、「流れ星を見た瞬間に願い事ができる人は必ず願いが叶う」と言っていたのを聞いたことがあります。

その理由は。

**「流れ星が消えるまでの短い時間に自分の願いを口にできるということは、常にその願いが頭の中にあるということだから」**

山田さんの勝因は、「夢を持っていて、チャンスが来たときに、それを即答したこと」ですね。

あなたは、今、流れ星を見たとしたら、「願い事」を即答できますか?

第25話

# 「写真集」という名のチャンス

チャンスは、どんな形でやってくるかわかりません。

「えっ？　これ？」という姿で目の前にあらわれることもあります。

これは、人気放送作家の鈴木おさむさんが、著書『テレビのなみだ』（朝日新聞出版）の中で紹介している、まだ彼が放送業界2年目の駆け出しだったころの話です。

あるアーティストのラジオ番組のサブ作家になった鈴木さん。「サブ作家」とはいっても、飲み物の買い出しなど、使い走りのような仕事もやらされていました。

そのとき、アーティストのマーネジャーにOさん《オー》という人がいて、鈴木さんのことを何かと気にかけてくれたのだそうです。

その番組の飲み会があるという日、このOさんが鈴木さんにこう言ってきました。

「おさむ君、飲み会の時にアレ、買《こ》うてきて」

「アレ」とは、その当時、話題になっていた某熟女女優のヌード写真集です。

言われた鈴木さん、「この忙しいのに買う時間ないよ」とちょっとゲンナリします。

それで、「まあ、買っていかなくても問題ないだろう」程度に考えて、結局、その写真集を買わずに飲み会へ参加したのです。

ところが…。飲み会では、鈴木さんへ写真集を買ってくるように言ってきたOさんではなく、そのことを知った番組のディレクターが激怒したのです。

「何で買ってこなかった！」とキレられ、鈴木さんは散々に飲まされてつぶされてしまいます。

深夜2時。ようやく目を覚ました鈴木さん。宴会はまだ続いていました。

「やっぱり、今から買って来い！」と番組のディレクターに言われ、鈴木さんはしぶしぶ夜中の2時に「わかりました」と店を出たのです。

朝まで開いている六本木の書店に行きましたが運悪くその写真集は売り切れ。

このまま手ぶらで帰るわけにもいかず、困り果てた鈴木さん。こう考えました。

**「写真集がない代わりに、笑ってもらおう！」**

開き直った鈴木さんは、急きょ、タクシーを飛ばして新宿2丁目へ。熟女女優の写真集の代わりに、「マッチョな男たちがケツ丸出しで砂浜を走る写真集」を買って宴会場へ戻りました。

そして、「あの写真集はなかったんですけど、Oさんが好きそうな写真集を買ってきました」と言ってマッチョマンの写真集を渡したのです。

すると、それを見たOさんは大爆笑。

「おまえ、アホやな〜」と上機嫌になり、鈴木さんのことを皆でネタにして大いに盛り上がったのだそうです。

そうなってみて、鈴木さんはやっと、Oさんが自分に写真集を買ってくるように頼んだ真意を悟ったのです。

**「Oさんは写真集が欲しかったわけじゃない。写真集があれば、若手の自分でも飲み会で皆にいじってもらえる。そのチャンスをくれようとしたんだ。そして、ディレク**

ターは、そのチャンスに気がつかず、写真集を買って来なかった自分の行ないに対して、しかってくれたんだ！」

そう思い至った鈴木さんの耳元に、ディレクターはこうささやいてきたそうです。

「大事なのは、こういうことだからな」

あなたのことを気づかって、チャンスをくれている人が必ずいます。

そのチャンスは、もしかしたら「とてもチャンスとは思えない姿（たとえば「熟女女優のヌード写真集」！）」をしているかも知れません。

鈴木さんのこの体験。

人が与えてくれているそのチャンスを見逃さないように、「アンテナを立てていること」の大切さを教えてくれるエピソードです。

第26話

# 羽生善治の将棋事始め

映画化もされたベストセラー、『学年ビリのギャルが1年で偏差値を40上げて慶應大学に現役合格した話』(KADOKAWA)の著者である学習塾の塾長、坪田信貴《つぼたのぶたか》さんは、塾の生徒を伸ばすために「生徒いじり」をよくやるのだそうです。

「生徒いじり」とは、たとえば、ビリギャルこと女子高生の「さやかちゃん」が、「聖徳太子」のことを大マジメに「このセイトクタコさんて超デブだったからこんな名前をつけられたんでしょ」なんて言ってきたら、「おかしくないか? その知らなさ加減」と遠慮なくツッコむということ。

それでも生徒からムッとされることはないのだとか。その理由は、坪田先生が「生徒のよいところ」を見つけて、生徒のことを好きになり、褒めながら、いじっている から。そうやって、生徒とラフな会話を進めつつ、その生徒が行き詰まっている段階にまで立ち戻って「**絶対にできない**」**と思っていた問題をその場でできるようにしてあげることで、自信を持たせてやる気に火をつける**のだそうです。

たしかに、勉強なんて「まるでわからん！」となってしまったら、もうやる気が無くなってしまいます。それが、たとえ簡単なことでも「あっ、わかる」と思える部分があると、モチベーションが高くなってきて、「続けてみようかな……」と思えてくるものです。

将棋の羽生善治《はぶよしはる》永世名人は、この「やる気のモチベーション」について、子供のころの思い出をその著書『決断力』（角川ｏｎｅテーマ21）の中で紹介しています。

羽生さんが将棋と出合ったのは小学1年生のとき。同級生の家へ遊びに行って教えてもらったのが最初でした。

2年生のときには地域の小学生将棋大会に出場するも、予選敗退。

大会後、いよいよ近所の将棋道場に通い始めます。

このとき、羽生少年が通った将棋道場がちょっとユニークな教え方をしていたのだそうです。

普通、将棋は8級からのスタート。初めて将棋教室に入ったら最初は誰でも8級で、7級、6級と、徐々に昇級していくもの。

ところが、羽生さんが入った将棋道場は、席主の方針で、**15級からスタート**だったのです。

こうすると、ちょっと上達しただけですぐに昇級できます。**昇級の喜びを味わいやすくして、将棋を好きになってもらおう**という方針だったのですね。

羽生さんは言っています。

「将棋にかぎらず習い事は、自分が少しずつでも進歩しているのがわかると継続できるが、足踏みし上達しないと嫌になってしまう」

「『上達する』という喜びが、『次の目標』に向かう頑張りになるのではなかろうか。私は15級から、道場に通うごとにクラスが上がっていった。今考えると、目標への達成感が、私を将棋の世界へ没頭させるきっかけの1つになったと思う」

子供のころ、絵を描くたびに、近所のおばちゃんから「まあ、この子は本当に絵がうまいねぇ」と褒められていたある人は、それが嬉しくて繰り返し絵を描くうち、本当に絵を学ぶようになって、とうとう有名な画家になったそうです。

「やる気」を起こしたり、維持したりするには、この「達成感」の繰り返しがとても有効。

たとえそれが、塾の先生や近所のおばちゃんが与えてくれた「達成感」でも、学年ビリの生徒が一流大学に合格したり、将棋の名人やプロの画家を生み出すことがあるのです。

ある作家は、常に自分に対して「オレって天才！」と賛辞を送っているそうです。

他人が言ってくれないなら、自分で自分を褒めちゃうのも1つの手ですネ。

第27話

# デーモン小暮とさかなクンの共通点

デーモン小暮《こぐれ》閣下。

自分は悪魔だと言い張り、生まれは、自称、紀元前9万8038年。早稲田大学卒業やミュージシャンとしての活動を「世をしのぶ仮の姿」と呼ぶ50過ぎのオッチャン（小暮さん失礼！）です。

相撲が好きで、かつては自分がパーソナリティをつとめるラジオ番組で相撲コーナーを設けるなど、その詳しさは専門家も舌を巻くほど。（何しろ、本人曰く、相撲のファン歴は300年！）

そんなデーモン閣下がNHKの相撲中継の解説者として初めて放送にのぞんだのは2006年の初場所のことで、私は当時、その放送をリアルタイムで見ていました。

（閣下が相撲を解説すると知って興味本位で見てみたのです）

いよいよ放送が始まるとアナウンサーはこう言ったのです。

**「本日のゲストはデーモン小暮閣下です」**

いやー、驚きました。だって「閣下」ですよ「閣下」！

普通なら、「デーモン小暮さんです」と紹介するでしょう。

しかも、その後の会話でも、アナウンサーは、「閣下は今の取り組みをどうご覧になりますか？」と、ずっと「閣下」と呼び続けたのです。

かつて、「天下のＮＨＫ」とまで呼ばれた、あのＮＨＫに、放送の中で普通に自分を「閣下」と呼ばせた男、それがデーモン小暮です。

悪魔の次は、おサカナ。

東京海洋大学名誉教授という肩書きを持つ、タレントのさかなクンの話。

落語家の林家たい平さんが、あるテレビ番組で、初めてさかなクンと番組で共演したときの衝撃を寄席で次のように語っています。

「さかなクンは、やっぱり凄いんですよ。裏表があるタレントっているでしょう。でも、さかなクンて本物なんです。裏表なんかない。もうあのまんま。最初の10分でわかりました。（カメラがまわっていないときに）『その帽子、どこで作っているんですか』って聞いたら『ギョギョー！　帽子じゃないです、皮膚でギョざいます！』ですよ。年齢を聞いたら『成魚でギョざいます』って……そう言われたらもう歳なんか聞けないでしょう」（『林家たい平　快笑まくら集』竹書房文庫より抜粋）

さかなクンは24時間さかなクン……。それを証明するエピソードがあります。

2010年。さかなクンは、「すでに絶滅した」と思われていたクニマスという魚の生息を確認したお手柄により、「内閣総理大臣賞」を受賞します。くわえて、子供たちへ魚の魅力を伝道する活動などが評価され、園遊会に招かれたのです。

さて。天皇陛下にお目にかかる園遊会の当日。珍しく背広姿であらわれたさかなクン。しかし、「皮膚の一部」である、頭のハコフグを「脱帽」することはありませんでした。被りものをしたまま陛下と会見するなど普通ならあり得ないこと。

実は、さかなクン。東京海洋大学の学会の懇親会で、すでに1度陛下と会っていました。周りに促されて陛下の近くへ行ったさかなクン。陛下から、学会の資料に描かれたイラストについて「あなたが描かれたんですね」などと話しかけられて2分弱も会話をしたのだそうです。もちろん、そのときも頭はハコフグのまま。陛下のほうは、**さかなクンのハコフグについてはひと言も触れられなかった**のだとか。

NHKに自分を「閣下」と呼ばせたデーモン小暮と、天皇陛下の前でもハコフグを取らなかったさかなクン。

私にとっては、この2人が、日本2大「コンセプトゴリ押し王」です。

周りから何を言われようが、自分が設定したコンセプトは決してゆずらない。そして、いっさい揺るがない。そうやって、**一貫した姿勢を貫くうちに、ついに周りに「不条理」すら、認めさせてしまっている**のがこの2人。

世間の常識のほうが、2人の前にひれ伏したという形。

何も、あなたも、デーモン閣下やさかなクンのように、傾《かぶ》け（奇抜な身なりをして常識外れなこと。歌舞伎の語源）と言っているのではありません。

しかし、2人の「揺るぎない姿勢」は大いに学ぶべきものがあると思うのです。

第28話

# 同じ言葉を聞いても…

経営の神様と呼ばれた松下幸之助さんが生前に行なった講演会での話です。
質疑応答の時間に、ある人がこんな質問をしたそうです。
「松下先生。経営とは何か？　ぜひ、その成功の極意を教えていただきたい」
果たしてこの質問に「経営の神様」が何と回答するか？
会場全員が注目します。
その注目の中、松下幸之助さんはこう言ったのです。

**「それがなぁ、私にもまだよくわかりませんのや」**

会場中が肩透かし。しかし、ほとんどの参加者がガッカリする中、ある人はこの回答に感動をしたのです。

「ああ、**経営の神様でさえ、成功の秘訣はわからないものなんだ……**」

そう思ったその人は、商売に対して少し自信過剰になっていた自分を反省し、真面目に、ひたむきに商売に取り組み、大成功を果たします。

そして、「あの日に聞いた松下氏の言葉は、私にとって一生を変えるほど価値のあるものだった」と振り返っているのです。

会場にいた、ほとんどの人たちが「なんだそりゃ？」と思った松下氏の言葉は、この人にとっては目からウロコの金言だったというわけですね。

まったく同じ言葉を聞いたというのに、この違いはどこから来るのでしょう？

思うにそれは、講演会に参加したときの「心がまえ」の差ではないかと思うのです。

幸之助さんの言葉を聞いてガッカリした人たちは、講演会に参加するにあたって、「何かについて明確な答えを与えてくれると期待して講演会に参加した人たち」なのではないでしょうか？

てっきり「与えてくれる」と思っていたのに、具体的な答えが無かったことに対してガックリときた。

一方、幸之助さんの言葉を聞いて「目からウロコ」になったのは、講演会に参加するにあたって、**「成功へのインスピレーションを得るためのヒントがあるのではないか?」**という思いで参加した人なのだと思うのです。

だから、明確な答えがなくても、松下氏の言葉を聞いて、自分に役立つ「神様のお告げ」として霊感を得ることができた……。

**「与えて与えてクン」と、「見つけよう見つけようクン」の差ですね。**

漫画『賭博黙示録 カイジ』(福本伸行著 講談社)の中に、命がけのギャンブルゲームを主催する男が、「負けたときはどうなる?」と迫るゲームの参加者たちの要求をはねつけるシーンがあります。

曰く。

**「質問すれば答えが返ってくるのが当たり前か……?」**

**「世間というものは、とどのつまり、肝心なことは何一つ答えたりしない」**

**「求めれば……周りが右往左往して世話を焼いてくれる。そんなふうにまだ考えてやがるんだ臆面もなく…！　甘えを捨てろ」**

そして、ゲームへの参加を迷う者たちへは。

**「一生迷ってろ…！　そして失い続けるんだ…。貴重な機会《チャンス》を…！」**

いやはや痛烈。この痛烈さが、一部に熱狂的なファンを持つこの漫画の魅力です。痛烈で極端な言葉ですが、**「答えを求めようと思っていない人は、何も得られない」**というのは、悲しいかな事実です。

松下幸之助ほどの人が、目の前で金言をはいても、「求める気」が無ければ「得られるもの」はありません。

ちなみに、松下幸之助さんは、「事業に成功された秘訣は何ですか？」という質問には「運がよかったから」と答えることもあったそうです。

この答え。

さて、あなたには「なんだそりゃ」ですか？　それとも、目からウロコですか？

第29話

# つまらない仕事の感想文

この前、知り合いである出版関係の会社の社長さんから聞いた話です。

その社長さんの会社では、「来年に就職活動の年を迎える大学3年生」を対象にした「学生インターン制度」を導入しています。

これは、学生に実際に会社に来てもらって、実務を体験してもらい、学生側も会社側もお互いにお互いを見極めるというもの。

つまりは「お見合いで出会った2人が、お互いどんな人かを知るためのデート」のような制度ですね。

インターン学生たちは、営業同行をしたり、自分で考えた「本の企画」を同社の社員へプレゼンしたりと、いろいろな仕事を体験し、毎日、仕事を終えると「その日の感想文」を提出して帰る、というのが1日のパターン。

学生たちにとってはとても刺激的なプログラムです。


ところがあるときのこと、1日中、単純な「転記」だけになってしまった日があったのだそうです。

朝から晩まで、原稿に書かれた内容を右から左へと単純に書き写していくだけ。

「仕事」というよりは、はっきり言って「作業」のレベル。

そんな作業を1日中やった日の「仕事の感想文」のほとんどには、「もっといろいろなことを体験したかった」という要望や、仕事の感想ではなく、「社内の雰囲気で感じたこと」などが書かれていました。

ところが、そんな中、1人の学生が書いた感想文を見て、同社の社長さんは感心してしまったのだそうです。

その学生、1日中、単純な転記作業のみをやらされた日の「感想」として、こんなことを書いていたのです。

**「実際の仕事に使われている原稿をたくさん見ることができて本当に勉強になりました。転記の仕事をさせていただき感謝します」**

そんな言葉に続けて、その学生の感想文には、「転記作業」をしながら、勉強になったこと、気がついたことなどが、具体的に列挙されていたのです。

その社長さんはしみじみと語っていました。

**「企業で採用する側は、こういう人材に来てもらいたいんだよ」**

まったく同じ体験をしても、「不満しか感じない人」と、その体験に対して「感謝」を感じられる人がいます。

そして、その体験がツマラナイとき、「時間のムダだった」と思うだけの人と、「あの部分は勉強になった」と、「気づき」を見い出すことができる人がいる。

前者は、100社受けてもどこからも採用されませんし、後者は多くの会社から採用されます。

ある企業では、面接会場の受付の女性の「あちらでお待ちください」という案内に対して、「ありがとうございます」というお礼の言葉がなかった学生はいっさい採用しないと決めているそうです。

緊張して会場に来た学生に対して、ちょっと酷《こく》な気がしますが、それだけビジネスの世界における「**感謝の姿勢**」を大切に考えている会社なのでしょう。


「感謝」と「気づき」。

この2つは何も就職学生の武器になるだけではありません。

ハッキリ言って、この2つをちゃんとできる人はそれだけで無敵です。誰にとっても最高の武器なんです。

この2つ、いつ、どんなときもお忘れなく！

# 第4章

# 「なんだか、うまくいく気がする」

## ——そんな、挑戦したくなる話

第30話

# ちり紙交換はドアをノックする

実業家であり戦略コンサルタントでもある坂本桂一氏。これは氏が、学生時代に起業したものの、失敗をして1千万円近い借金を背負ってしまったときの話です。

借金を返すために坂本さんが目をつけたのは「ちり紙交換」でした。

現在の状況は知りませんが、坂本さんが借金を背負った当時、「ちり紙交換」は、ちり紙と交換して回収した古新聞の量が多ければ多いほど稼ぎになり、中には大金を稼ぐ人もいたのです。

さて。

「毎度おなじみ、ちり紙交換でございます」というテープを流しながら、トラックでテキトウに住宅街を流し運転するようになった坂本さん。

しかし、なかなか儲けが出ませんでした。

そのうち、ちり紙交換のボスから「稼ぎたかったら、まわるコースを3つにしぼれ」とアドバイスを受けます。

そこで自分なりにコースを3つ決めて週に2日ずつまわるようにしてみると、なるほど、そのほうがお客から声がかかるようになったではありませんか。

坂本さんなりに考えた理由はこうです。「いつも同じ曜日に同じちり紙交換が来るとわかっていれば、古新聞を出す側も安心して交換車を呼び止めることができる」

ここからが、坂本さんの工夫のスタートでした。

「それなら、**コースを2つにしぼったほうが、同じ地域に頻繁に顔を出せるようになるはず**」

試してみると古新聞の回収量がグンと増えます。「もしかしたら……」と、思い切ってコースを1か所にしてみたら、顔を覚えてもらえて、回収量はさらにアップしました。

そうなると、もう「毎度おなじみの～」のテープは使わずに、お客さんに自分だとわかるように**自ら録音したテープを流す**ようにします。

次に坂本さんが目をつけたのは、交換するちり紙。

他の回収業者は古新聞を買い取る業者から質の悪いちり紙を購入していましたが、坂本さんはそれを止め、**市販されている高級なちり紙を買って、それと古新聞を交換**したのです。

ちり紙の仕入れ額は1個につき数10円高くなりましたが、お客さんは大喜び。

その上、口うるさいお客には交換するちり紙の量をはじめから少し多めにサービスしました。

すぐに、**「あのちり紙交換は、古新聞と上等なちり紙を気前よく交換してくれる」と評判になり、なじみのお客がどんどん増えていった**のです。

しかし、それでも、坂本さんが行く直前に別の業者がまわったりすると、我慢できなかったお客さんが古新聞を出してしまうことがありました。

坂本さん、ここでとうとう、とんでもない発想に至るのです。

**1軒1軒、お客さんの家のドアをノックしてまわったらどうだろう？**

この考えを思いついたときは、さすがの坂本さんも、「そこまでやるのか？」と躊躇《ちゅうちょ》しました。

しかし、結局、坂本さんはこう考えます。

**「やりすぎだとかなんとか自分に言い訳をして、やらずに少ない量で帰るより、思い切ってやってトラックを満杯にして帰ったほうがいいに決まっている。ここでノックできるかできないか、その差が人生を分ける。俺はノックできる人間になる！」**

こうしてお客の家のドアをノックすることを決心した坂本さん、毎日、他の回収業者の2倍をはるかに超える古新聞を回収できるようになったのでした。

坂本さんの行動は、Plan→Do→Check→Actという「改善のPDCAサイクル」そのものですね。

ボスからのヒントに満足せず、最後には「自らお客のドアをノックする」というブレイクスルーを果たした坂本さん。この玄関の扉は「成功への扉」そのものでした。

あなたが坂本さんだったら、この「成功への扉」をノックしましたか？

第31話

# コンテストに優勝する人の条件

コンテストに優勝する人たちには、1つの共通点があります。

それは、その人が「**はじめから優勝するつもりでコンテストに参加している**」ということ。

たとえば、営業を抱える会社でしばしば行なわれる「社内営業コンペ」。

コンペの対象となる商品の販売数や、新規契約の数を競うものですね。

こうしたコンペで期末に最優秀賞を獲った営業は、その受賞式で、決まってこんな挨拶をします。

「**コンペのルールが発表された日に、どうやったら優勝できるかを考えました**」

そう。

コンペで優勝する営業は、「どうやったら絶対に優勝できるか?」と、**その他大勢の営業たちと違うことを考えて、勝つべくして勝っている**のです。

あなたは小林尊《たける》という人をご存じでしょうか?

かつて、「大食い」を競うテレビ番組で一世を風靡したフードファイターです。

この小林さん、2001年に、アメリカ、ニューヨークで毎年行なわれている「ネイサンズ国際ホットドッグ早食い選手権」へ初出場して優勝し、全米でも名前が知られるようになりました。2004年、ニューズウィーク日本版の「世界が尊敬する日本人100人」に選出されるなど、「大食い(早食い)」をスポーツに変えた人物として尊敬すらされているのです。

しかし、素顔の彼は至って小食なのだとか。そもそも、テレビの大食い番組に挑戦したのも、同居していた恋人が、賞金目当てに申し込んだからでした。

彼はなぜ、巨漢の出場者がひしめくニューヨークのホットドッグの早食い大会で優勝することができたのでしょう?

それもまた、**「はじめから優勝だけを狙って、その他大勢の参加者と違うことを考えたから」**だったのです。

大会への出場を決めた彼はいったい何をしたのか？

意外にもアメリカ人の経済学者とジャーナリストによる共著（『0《ゼロ》ベース思考』スティーブン・レヴィット／スティーヴン・ダブナー著　ダイヤモンド社）の中に、そのチャレンジの内容が詳しく記述されていました。

同書によると、小林さんはまず、ホットドッグ早食い選手権の過去の映像を見て、**「出場者の誰も彼もが、ただ単に同じようにホットドッグを端からムシャムシャと食べているだけ」**という点に気がつきます。

そして、**「これなら工夫次第で優勝できる」**と確信するのです。

そこからは試行錯誤でした。

最初は、ホットドッグを手で半分に割って食べると早く食べられることを発見。

次にパンとソーセージを分けて別々に食べるとソーセージを格段に早く食べられることを発見します。

最後まで手こずったパンも、片手でソーセージを口に運びながら、もう片方の手でパンを水に浸して絞り、水分を含んだ小さなかたまりにすることで、ノドに詰まらせることなく、スムーズに大量に食べられることを探り当てました。

さらに、この「パンを浸す水」は、ぬるま湯のほうがよく、少量の油をたらすことでより食べやすくなることまで確認したのです。

ここまで研究を重ね、ブレークスルーを重ねた小林さんに、他の出場者が勝てるはずはありませんでした。

見上げるような大男たちに混ざって大会に出場した小林さんは、それまでの世界記録「12分間で25本と8分の1」を、なんと「12分間で50本」と**2倍に更新して圧倒的な大差で優勝を果たした**のです。

何かにチャレンジしようとしているあなた。

その他大勢と同じことを考えていたら優勝は「運次第」になってしまいます。

「優勝するには何をすればいいか?」を**「他者と別次元の発想」**で真剣に考えたとき、優勝は「運」から「必然」に変わるのです。

第32話

# 頼まれたら、10倍返し！

知り合いの社長さんの言葉です。

「人から何かを頼まれたら、相手が、『これくらいはやってくれるかな……』と思っていることの倍くらいを返して、相手の期待を良い意味で裏切り続ける。そうやって『頼まれたら倍返し』を続けていると、どんどん信頼されて、次々にイイ仕事がまわってくるようになるんだ」

この言葉を聞いて、「かわいいイラストの元祖」などと呼ばれるイラストレーター、田村セツコさんのエピソードを思い出しました。

田村さんは1938年生まれ。

1960年代から『りぼん』や『マーガレット』などの少女向け雑誌で、表紙や口絵などを描いて人気を博しました。

その田村さん、挿し絵の世界の大御所、松本かつぢ氏のツテで、ほとんど下積み時代を経験することなくイラストレーターとしてデビューをしました。

しかし、本人曰く、「ラッキーだったのは、ここまで」。

いくら大御所の紹介があっても、無名の新人にそう簡単にイイ仕事の依頼が入るはずがありません。

まわってくるのは、ページのすき間を埋めるだけのいわゆる「捨てカット」の依頼です。当然のごとくお金も安くて、普通なら、少し落ち込んだり、ふてくされてしまうような仕事ばかりだったのです。

ところが……。

「カワイイ女の子の絵を描きたい！」と、雑誌の世界に飛び込んだ彼女にとっては、そんな「捨てカット」の仕事も楽しくて仕方がありませんでした。

1つの「捨てカット」の依頼に対して、「わー、嬉しい！」とはりきって、10枚も描いて提出することもあったのです。

**「頼まれたら倍返し」どころか、「頼まれたら10倍返し」！**

しかも。

**「どんな仕事も基本的に断らない」**

**「必ず締め切りに間に合わせる」**

**「できたイラストは自分で編集部に届ける」**

と、そんな仕事をずっと続けていました。

そんな仕事ぶりは、徐々に編集部内で評判となり、「今度、ウチにも寄ってよ」と他の編集者から声をかけられることが増え、小さな仕事がどんどん入るようになっていったのだそうです。

田村さんは、こんなことを言っています。

**「1の依頼に10で返す。締め切りと時間はきっちり守る。ニコニコ笑顔で。常に勉強**

**を怠らない……。一つ一つはそんなに特別なことではないですよね？　これは案外、どんなお仕事でも、商売繁盛（？）のコツかもしれませんね」**

かく言う私も、編集者さんから「原稿は○月○日までにお願いします」と言われたら、なるべく、その10日くらい前に原稿を入れるのを目標にがんばるようにしています。

なかなか、思いどおりにはいきませんが、10日前を目標にして書いていると、だいたい締め切りの1週間前には入稿できますので、編集者さんにとても喜んでいただけるのです。（実は昔、社内報の編集をやっていましたので、「原稿を待つ編集者の気持ち」がよくわかる）

**「1」を依頼されたら「10」返す。**

**「10日でやってもらえないかな」と言われたら「2日で返す」。**

ぜひ、意識してみてください。

第33話

# 運ぶものが無くなったバイク便

この前、用事があって東京から電車で約1時間半の某都市へ出かけました。駅としてはとても大きな駅です。

しかし、駅ビルに入ってみて驚きました。全部で7フロアある駅ビルのうち4フロアには店舗がまったく入っておらず、スッカラカンだったのです。

たしか数年前までは全部のフロアにお店が入り、上の階では「物産展」のようなイベントもやっていたはずなのに……。

驚くとともに、「これはもったいないな」と思ってしまいました。

地方都市の商店街などでは、新しくできたショッピングモールにお客を奪われて、いわゆるシャッター商店街になってしまうというケースがよくあります。

山口県宇部市にある某商店街では、どうにか商店街にお客を呼び戻せないかと頭を悩ませた結果、**空き家になった家具屋さんのビルを利用して、「お化け屋敷」を作った**そうです。きれいな施設は作るのにはお金がかかりますが、お化け屋敷は暗いし、汚れた壁などをそのまま使えて格安で作ることができたのです。

このお化け屋敷は話題となり、集客に成功。商店街に活気が戻ったそうです。

こんな例もあります。

オフィス街で重要書類などを運んでいた、あるバイク便会社の話です。

以前は運ぶ書類も多く、繁盛していたのですが、電子メールの普及によってすっかり注文が無くなってしまいました。

せっかく「運ぶノウハウ」を持っているのに肝心の「運ぶもの」がない。

そこで、発想の転換です。

あるものをオフィスに届ける商売を始めたら、これが大当たり！

彼らが重要書類に替わって運び始めたもの。それは……。

**仕出し弁当。**

このバイク便会社。オフィス街にある飲食店と組んで、仕出し弁当をオフィスへ配達する仕事を始めたのです。

社員食堂なんてない普通のオフィスで働く人たちにとってオフィス街の昼食は悩みの種。短いお昼休み時間に外へ食べに行って、ときにはお店の前で行列しなくてはなりません。

そんな彼らにとって、電話1本でオフィスまで弁当を届けてくれるサービスはとても重宝。

一方、お弁当を作ることはできても「オフィスへ配達する手立て」がなかった飲食店の人たちも大喜び。このバイク便会社には、「うちの弁当も扱って欲しい」という話が次々と寄せられ、メニューもどんどん充実していったのです。

数々のオフィスへ「モノを運ぶことができる」という自分たちの強みを活かしたこのアイデアによって、経営危機に直面していたバイク便会社は、見事に生き返ったのでした。

シャッター商店街の「お化け屋敷」も、バイク便の「お弁当配達」も、「負けてたまるか」という思いと「発想の転換」による逆転劇です。

危機に陥ったとき、やる気を出して、ちょっと着眼点を変えれば、解決策はあるもの。

冒頭で紹介した駅ビルも、スッカラカンになっているフロアを「何かに利用できないか？」と思ってしまいました。

たとえば、パーティションで区切った「イベント貸し出しスペース」や「迷路」、「素人アーティスト用の貸し出しギャラリー」「室内ドッグラン」など、「ダメ元」で再利用すればいいのに……。

実現するのにお金があまりかからないアイデアを試してみればいい。

「そんなアイデア、うまくいくはずないよ」と思ったら、もうオシマイですから。

第34話

# 仕事がデキる人が1秒で出すもの

私はよくカフェで原稿の執筆をします。

つい先日のこと、いつものようにカフェで執筆をしていたときのこと。

私からだいぶ離れた席で、とんでもない大声で携帯電話をかけているオッチャンがいました。

白髪のオールバックで、歳は60歳くらいでしょうか?

いかにも中小企業のワンマン社長という雰囲気。

このオッチャン、周りの迷惑も考えずに電話の相手にがなっているだけでも充分におバカさんなのですが、その内容がまた輪をかけておバカでした。

電話の内容は、どうもそのオッチャンが、電話の相手である取引先に電子メールで送った文書に添付したデータが、先方でうまく読み取れないというような話なのですが、とにかくずっと同じ話を繰り返していたのです。

「おかしいなぁ、前回は読み取れましたよねぇ」というフレーズは3回くらい言っていましたし、「データの重さがいくつ以上は開かないとかわかってないの？」は4回くらいリバース。（そもそも添付したのはアナタでしょう！）

周りの人たちはすこぶる迷惑そうな顔をしているのに、まるで気にならない……というより気がついていないようでした。

このオッチャンのように、店の中などでドでかい声で仕事の電話をする人って、深層心理では「どうだ、オレって仕事できるだろう！」って思って得意になっているのでしょう。

でも。その姿はただの自己チュウで、周りから見ればおバカさん以外の何ものでもない。そのことに本人だけが気がついていない。

こういう人間と仕事をする相手は苦痛だと思います。できれば2度と一緒に仕事はしたくないと思うでしょう。下で働く人はもっと可哀想です。

**そもそも、何か問題が発生したとき、仕事がデキる人って、1秒で代案を出すものです。**

「それじゃ、こうしましょう。それでもダメだった場合はああして、万が一それもダメなら最悪こうしましょう」って、あっという間に3つくらいの代案がサラサラと出てくる。

このオッチャンのように同じことを繰り返して時間を無駄にしません。

この前、テレビを見ていたら、テレビショッピングの「ショップジャパン」のハリー・A・ヒル社長がインタビューを受けていました。「ショップジャパン」といえば『ビリーズブートキャンプ』のDVDを日本でヒットさせた会社ですね。

同社が「日本で売ろう」と考える商品の選定基準は、実にシンプルで、たった1つなのだそうです。

それは、「**海外で売れている商品**」。

ハリー社長曰く。

「この商品は日本で売れるか…というリサーチは行ないません。海外で売れている商品を特定のエリアでとりあえず売ってみるのが基本姿勢。4週間売ってみて売れなければ**すぐにあきらめて次の商品を入れます**」

よく、根性論で、「成功の秘訣はあきらめないこと」なんて言います。

でも、持ち玉がたくさんあるなら、1つのものにこだわらずに「あっさりとあきらめて、次の手に切り替える」のも賢い選択肢です。

いや、言い方を変えれば「ショップジャパン」の戦略だって、「売れるまであきらめない」で、商品を変えているだけのこと。次々に代案を出すのと同じ発想ですね。

私は社長秘書という仕事を数年間やったことがあります。

そのときに、社長秘書の心得として、「秘書は不測の事態に備えて、次の次の次、すなわち3つは代案を用意しておかなくてはならない」という考えを学びました。

この考え方は、秘書ではなくなった今でもとても役立っています。

代案を3つ用意しておけば、いざというとき、1秒で代案を提案できますからね。

第35話

# 「伝説の完売王」と書店で

私は2015年11月に、小説形式のビジネス本、『「読むだけで売れる」魔法の物語～ダメ販売員が体験した奇跡の一週間～』（産業編集センター）を出版しました。これは、「伝説の完売王」こと河瀬和幸さん（株式会社カワセ・クリエイティブ・カンパニーず代表）の「実演販売のノウハウ」を物語形式で伝えるものです。

「実演販売」って、ほら、デパートの食品売り場で試し切りをして包丁を売っていたりするのを見たことはありませんか？　あれが実演販売。

「数分前まではまったくその商品について知らなかったお客さん」に、その場で商品を買ってもらうわけで、まさに「究極のコミュニケーション術」です。

本では、河瀬さんの「実際の販売事例」や「ノウハウ」をわかりやすく伝えるため、河瀬さんをモデルにした「伝説の完売王」に、主人公のダメ営業、明日香が弟子入りをするという架空の物語を考えました。

私がストーリーを考えて、河瀬さんは監修を担当。いわゆるコラボ本ですね。

さて。これは、本を出して数か月後。河瀬さんと、新宿で飲んだときの話。

ひとしきり飲み食いして、いっしょに店を出て、駅で別れようとしたときです。河瀬さんが突然、こんなことを提案してきました。

**「これから本屋に寄って、『明日香本』を1冊売ってから帰りましょう!」**

あわわ、となる私。

「えっ、これから? 書店に許可をもらってですか?」

「許可なんて要りませんよ。ほんの遊び。面白いですよ。さあ、行きましょう!」

ずんずん行ってしまう河瀬さん。とにかくパワフルなのです。

2人で某書店に入り、「明日香本」が面陳《めんちん》(表紙が見えるように本棚に並べること)された棚の前へ。

河瀬さん、そこにいた1人の男性客の目を見ながらスルリと近づくと、人なつっこい笑顔で、黙ったままサッと「明日香本」の小チラシを差し出します。

見知らぬオジサン（河瀬さん）からいきなり笑顔でチラシを差し出されて、「？」となるお客さん、しかし、（たぶん無意識に）チラシを受け取ってしまいます。

すかさず河瀬さん、右手をスッと動かしてお客の目線を明日香本に誘導し、次に自分の胸の前に手を持ってきて、たったひと言。


**「私たち著者です」**


謎がとけて「ああっ」という顔のお客さん。

「今まで、近くの店で会っていて、『本があるかどうか書店に寄ってみよう』って来てみたんですよ」と河瀬さん。

「そうなんですか、私も販売をやっているので……」と販売に関する本が並んだ棚の前にいた理由を打ち明けるお客さん。なんと、出会って5秒で、すでにコミュニケーションが成立しているではありませんか！

その後、河瀬さんは「売ること」の本質について、ほんの、ひと言ふた言、言ったかと思うと、「それじゃ」と風のようにその場を立ち去りました。

この間、ものの15秒。「買ってください」なんて、ひと言も言いません。

お客さんは、疑問→納得、疑問→納得の連続。

どんどん行ってしまう河瀬さんのあとを追いながら振り返ってみると、男性客は食い入るように「明日香本」のページをめくっていました。

たぶん「明日香本」が気になって「買わずには帰れない」と思ってしまったのでしょう。（翌日、気になってその書店に寄ってみたら、ちゃんと1冊売れていました！）

いや〜、「販売の魔法」の一端をライヴで見ることができ、感動しました。

印象に残ったのは、河瀬さんが「モノを売るのって面白いでしょ」「ほら、面白かったでしょ」と、「面白い」を連発していたこと。

「好きこそものの上手なれ」とはよく言ったものです。

第15話でご紹介した、「水木しげるの幸福の七か条」でもお話をしたとおり、「好き」の力は偉大だと教えられました。

第36話

# 「伝説の完売王」と講演会会場で

前の項で登場した、「伝説の完売王」こと河瀬和幸さんは、「売ること」とともに、「話すこと」が大好きです。

とにかく、一緒に飲んだりすると、マシンガントークがずっと続きます。

放っておけば、たぶん、5時間でも6時間でも話し続けているでしょう。

私の心の中では、明石家さんまと河瀬さんが、「日本2大無限おしゃべりマシーン」です。

さて。

これから紹介するのは、2016年1月に、『「読むだけで売れる」魔法の物語〜ダメ販売員が体験した奇跡の一週間〜』の「出版記念講演会」を2人で行なったときのお話。

当日、会場は18時半から受付開始で、講演は19時スタートという予定でした。

最初の来場者がいらっしゃったのは18時20分ごろだったでしょうか。受付開始10分前とはいえ、外で待っていてもらうのも何なので、「どうぞどうぞ」と会場に入っていただきました。

その後も早い方がチラチラとお見えになり、本来の受付開始時間である18時半にはすでに3~4名の方が着席していたのです。

と、そのとき。

出版記念講演のメイン講師である、「完売王」の河瀬さんがおもむろに壇上に立ったかと思うと、「今日は『売りの本質』がテーマですけど、皆さん…」と、なぜかトークをスタートさせるではありませんか!

それがあなた、止まらない止まらない。

新たに入室された方も、壇上の河瀬さんを見て驚きます。

「えっ? もう始まってるの?」という表情。

受付の横に立って来場者をお迎えしていた私はこう言うしかありませんでした。

**「まだ、始まっていません。あれは、主役が自ら『前説《まえせつ》』を始めちゃっただけですから、どうぞお気になさらず」**

結局、河瀬さんは、本番スタートの5分前、つまり18時55分まで、ず～っとしゃべり続けたのでした。

「本日のプログラム」の説明や、トイレの位置などの業務連絡のためにマイクを持った私の最初のひと言は、「**皆さん、大丈夫ですか？　講演会は、なんと、まだ始まってもいません。お気をたしかに！**」。皆さん、笑ってくださいました。

講演会の本番（講演テーマは「伝説の完売王が教える、究極の対面コミュニケーション術」）での河瀬さんのお話は約1時間20分間。

河瀬さんはここでも、マイクも使わず、声を張り上げ、汗をかきかき熱演し、最後は予定時間を10分以上も過ぎたところで、「まだ時間大丈夫？」という言葉とともにようやく終了しました。

短い質疑応答のあともまったくテンションは落ちず、名刺交換や本へのサインに応じながら、来場者全員が退室するまでずっと話し続けていたのです。

人間、ここまでしゃべり続けられるものなのでしょうか？（笑）

この河瀬さんの姿を見て、私は確信しました。

それは、この河瀬和幸という人、「売ること」「話すこと」が好きな最大の理由は、**「人が好き」**なのだということです。

**仕事もお金も成功も、すべてを運んできてくれるのは「人」です。**

その「人」とコミュニケーションを取る、もっとも効果的な方法は「言葉を交わすこと」。事実、講演会で初めて河瀬さんに会った私の招待者の多くが「河瀬さんに魅了された」という感想を寄せてくれました。

究極のコミュニケーションである「実演販売のカリスマ」は、実は、「究極の人間好き」でもあったのです。

**「鳴かぬなら　俺がしゃべるぞ　ホトトギス」**（明石家さんま）

第37話

# トレーニング中の必須アイテム

トレーニングジムやフィットネスクラブを経営する山本ケイイチさんは著書『仕事ができる人はなぜ筋トレをするのか』（幻冬舎新書）の中で、こんなことを言っています。

「トレーニングをしていると、トレーニングの指導法や、新しいビジネス、書きたい本など、いろいろなアイデアが浮かんでくる。（中略）だから**トレーニングをするときには、絶対にメモ帳とペンを持って行ったほうがいい**」

これ、山本さんだけでなく、山本さんのジムに通っている彼のクライアントたちも「口をそろえて同じことを言う」のだそうです。

その理由は、「アイデアの元」ともいえる神経伝達物質、「セロトニン」（茂木健一郎さんの本を読むとよく登場しますね）が、リズム運動で体を動かすことによって活性化するから。

ずっとイスに座り続けていて、頭の回転が鈍り、アイデアが出なくなってくるのは、「セロトニンが不足した状態」というわけですね。

よく、「考えに詰まったら散歩に出るとよい」と言いますが、それは脳科学的にも、正しい方法なのです。

以前に、絵本作家の葉《よう》祥明《しょうめい》氏が「**僕から散歩を取ったら死んでしまう**」と言っているのを聞いたことがあります。

今にして思えば、「散歩をして体を動かす」という行為が、氏のアイデアの源になっているということだったのでしょう。

そういえば、京都の有名な散歩道、「哲学の道」の名前の由来は、かつて哲学者の西田幾太郎《にしだきたろう》が、いつもこの道を歩きながらもの思いにふけったことからこの名が付いたそうです。

鬼太郎さん……ではなく幾多郎さんも、散歩によって思考を深めていたのですね。

中国には、「アイデアが浮かびやすい場所ベスト3」を言った言葉があります。

頭がさえる、その3つの場所とは。

**「馬上」「枕上」「厠上」**という3つ。

合わせて「三上《さんじょう》」と呼ばれています。

「馬上」は文字どおり、馬の上で、今で言えば、移動中の電車や車の中でしょうか。

「枕上」は寝床のこと。ほら、床について目をつむってから、あるいは夢の中でグッドアイデアが浮かぶことってありませんか。寝床の横にもメモとペンは必須です。

（私は夜中に目が覚めて何かアイデアが出たとき、真っ暗な中でも手探りだけでメモできるように、寝床のすぐ横にメモ帳とペンを置いています）

そして、最後の「厠上」はトイレのこと。トイレは思案には最適な場所。日本にも「思案は雪隠《せっちん》（トイレ）」ということわざがあります。

アイデアって、浮かんだそのときにメモをしておかないと、ほぼ、確実に忘れます。あなたの一生を変えるような思いつきも、「これをやってからメモしよう」なんて甘いことを考えていると、永遠に消え去ってしまいます。

私が知り合いになった、起業家や作家など、クリエイティブな仕事をしている人たちは、**ほぼ全員が「メモ魔」**。皆さん、アイデアの大切さと、あっという間に消えてしまう儚《はかな》さをご存じなのです。

いつアイデアが浮かんでも、絶対にそれを逃がさないよう、あなたにも、メモとペンを常に携帯することをオススメします。

ちなみに、アイデア物質の「セロトニン」は、運動の他にも、「太陽を浴びる」「深呼吸（腹式呼吸）する」「人とふれあう」などでも活発になるとのこと。

晴れた日に、仲間とジョギングしながら会議をしたら、良いアイデアが次々と出るかも知れません…と、書こうと思ったら、最近は本当に社員同士が横に並んで散歩をしながらミーティングをする企業があるのだそうです。

驚き！

第38話

# 赤備えのマジック

「赤備え」という言葉をご存知でしょうか？

読み方は「あかぞなえ」。

戦国時代を舞台にした時代小説が好きなあなたならご存じかも知れません。

これ、戦国時代の武将が、自軍の精鋭部隊に朱色の鎧《よろい》や馬具を使用させたことを言います。

どうも、武田信玄の騎馬軍団が最初だったようですが、要は、戦《いくさ》のときに、イヤでも目立つ格好をさせたわけです。

目立つ格好をさせて、切り込み隊長として、先陣を切って相手に突入させました。

この「赤備え」の武将たちは、君主からも、周りの味方からも「見られている」と思うから必死で戦わざるを得なかった…。

君主から、「今度の戦、あんた、赤備えで、よろしく！」なんて言われて、「え〜、マジっすかぁ、無理っス、無理っス」なんて思うのは現代の若者。（現代の若者さんたち、失礼！）

昔の武将にとって、この「赤備え」に選ばれることは、「自分は精鋭のツワモノ」という誉《ほまれ》だったに違いありません。

君主は「赤備え」を着用させることで、武将たちのやる気を引き出すことに成功していたというわけですね。

そして、この「赤備え」をつけた味方が獅子《しし》奮迅《ふんじん》する姿を見ることで、他の兵たちも士気を上げることができた。

一石二鳥の「赤備えマジック」です。

現代の企業にたとえれば、社運をかけたプロジェクトチームのメンバーに、そのチームメンバー専用のユニフォームを与えるようなものです。

社内を歩いていても、「おっ、あのプロジェクトのメンバーか」と一目置かれるようにする。

当然、注目されますから、メンバーのモチベーションも上がります。

私は、以前にいた会社で、あるイベントのプロジェクトメンバーに選ばれたとき、メンバー専用の紙ジャンパーをもらったことがあります。

そのときは「経費のムダでは？」と思いましたが、イベントの当日はひと目でスタッフだとわかりますし、今にして思えば「赤備え効果」を狙ったものでもあったのですね。

何かを始めようというときに、「形から入る」という人がいます。

スキーを始めるときは、スキー板、ストックなど、スキーの道具だけでなく、かっこいいスキーウェアを買いそろえる。

ゴルフを始めるときは、クラブやゴルフバッグだけでなく、かっこいいゴルフウェアを買いそろえる。

この「かっこいい」というところがミソで、「スキー場をこのウェアでさっそうと滑る自分」「ゴルフ場でこのウェアを着てショットを打つ自分」を思い浮かべることで「やる気」につなげている。

これも「赤備え」的発想ですね。

ある人気エッセイストは、執筆のときは、必ず、尊敬する先輩作家から譲り受けた万年筆を使うそうです。

そうすることで、まるで自分が、その尊敬する作家になったかのような心持ちで原稿を書くことができる。

これも「赤備え」の変形です。

やる気につながる「赤備え」。

あなたの「赤備え」は何ですか？

第39話

# 「正面突破」という裏ワザ

野球で、「1点取られたら負け」という9回裏、2死満塁でカウントツースリー。

この大ピンチに、あなたがキャッチャーならどんなボールを要求しますか？

私なら、開き直ってド真ん中のストレートを要求します。

コースギリギリを狙って押し出しフォアボールになるくらいなら、開き直った渾身のストレートのほうがアウトにできる気がするからです。

サッカーのPK戦も同じ。

ゴールキーパーの右を狙うか？　左を狙うか？

それ以外にもう1つ、ゴールキーパーの正面を狙うという手があります。

キーパーは、ボールが蹴られてから体を動かしても間に合わないので、キッカーがボールを蹴る直前に、どっちに蹴るかを予想して体を移動します。

だから、正面に蹴るという手も充分にありなのです。


これ、**困ったときは正面突破**という裏ワザです。


歴史上にも、この「正面突破」という裏ワザでコトを成した人物がいます。

幕末に活躍した人物で、勝海舟、高橋泥舟《でいしゅう》と共に「幕末の三舟《さんしゅう》」と呼ばれた山岡鉄《やまおかてっ》舟《しゅう》がその人。

実はこの鉄舟さん、西郷隆盛率いる討幕軍が江戸城に迫った慶応4年、勝海舟から和睦《わぼく》の書状をあずかり、西郷隆盛に面会に行った人物。

彼が書状を西郷に届けて、和睦の条件を交渉したからこそ、西郷と勝の対面による奇跡的な無血開城が実現したのです。

さて。当時の東海道は討幕軍がひしめいていました。

鉄舟さん、その中をいったいどうやって西郷さんに会いに行ったのでしょう。

なんと彼、逃げも隠れもせず、敵軍の兵に遭遇すると、こう叫んだのだそうです。

**「朝敵《ちょうてき》、徳川慶喜《よしのぶ》家来、山岡鉄舟、まかり通る！」**

こう言って、堂々と歩いて敵の真っただ中を進んでいったのです。

まさに、正面突破！

この奇策によって無事、西郷隆盛と対面した鉄舟さんは、勝海舟からの「和睦」の書状を西郷さんに手渡して、こう説得したそうです。

「すでに謹慎《きんしん》している徳川慶喜を討てば幕臣たちは黙っていない。再び戦となり、無駄な血が流れるのみ。ぜひ、お考えいただきたい」

対する西郷さん。すぐに鉄舟の器の大きさを見抜き、和睦案を受け入れて武力による討幕を中止したのです。

西郷さんは、よほど鉄舟さんのことを気に入ったのでしょう。酒を酌み交わして鉄舟さんを見送ったあとで、こんなことを言ったそうです。

**「命もいらぬ、名もいらぬ、そんな男は始末に困るものだ。だが、そういう男でなけ**

**れば天下の大事は謀《はか》れない」**

「困ったとき正面突破」って、正直に言えば、他にもっとイイ手がなかったり、うまく、かわしたりできないときの苦肉の策です。

しかし、「まさか、この場面で、ド真ん中はないだろう！」って、相手のウラをかくことができる。

そして、場合によっては、山岡鉄舟のように、相手に「コイツ、なかなか肝がすわっているぞ」って思わせることができるのです。

何かで窮地に立たされたときの最後の手段として、正々堂々、開き直っての「正面突破」という手があることを忘れないでください。

# 第5章

# 「肩ひじ張らなくていいんだ」

## ——そんな、心が軽くなる話

# 第40話 ポジティブ・リラックス

述べ3000人を超えるトップセールスマンを指導、育成し、『死ぬ気で働いたあとの世界を君は見たくないか⁉』『死ぬ気で行動する人にだけ運は必ず味方する』（共にかんき出版）など数々の著書もある現役の営業マネージャー、早川勝さん。

実際にお会いすると、ビシッとスーツを着こなし、どこから見てもデキる、パワフルビジネスマンという感じ。それでいて笑顔とユーモアを絶やさない実に魅力的な方です。

その早川さんは著書の中でこんな内容のことをおっしゃっています。

**「強運で、長生きをされる人たちの『暮らしぶり』には、長寿の秘訣として3つの共通点がある」**

保険の営業マンとして、長年、たくさんの人たちの人生をご覧になってきた早川さんが挙げている、「運が強くて長生きな人たち」に共通する秘訣とは、次の3つでした。

**・明るい笑顔を振りまく善人**
**・あるがままの自由人**
**・呑気なチャレンジャー**

1つずつ見ていきましょう。

まず、「明るい笑顔を振りまく善人」。

どんなときも笑顔を絶やさない人の周りには、必然、良い人たちが集まって、景気のいい話題が出て、結果、運を引き寄せます。そして、「いつも笑顔の人」はストレスが溜まりにくいので健康。つまり長生き。

2つ目の「あるがままの自由人」。

これは、決して単にワガママに生きている人という意味ではなく、ありのままの自分を通して、自由に生きるだけの稼ぎもしている人ということ。つまり、「好き」を仕事にして、運を引き寄せている人。こちらもストレスが溜まりにくくて長生きするということでしょう。

そして3つ目、「呑気なチャレンジャー」。実はこれがこの文章の主題。早川さんは「呑気」なだけでなく、そのあとに「チャレンジャー」という言葉を入れています。私は、これがとても重要だと思うのです。

呑気にしているだけだと、気ままかも知れませんが、「強運」はやってきません。呑気なだけでなく、何かに積極的にチャレンジしているということは、未来を目指して「行動している」ということ。

「運」は、この「**行動している人**」にやってきます。

あるとき私の友人が、別の友人について、「○○さんて、何ごとにもポジティブで、しかもリラックスしていてイイよね」と言っているのを聞いて、私は「ああ、成功の秘訣はこれだ！」と思いました。

**「ポジティブ」でありながら「リラックス」もしている！**

この「ポジティブ・リラックス」って、早川さんの言う、「呑気なチャレンジャー」そのもの。ものごとに積極的に取り組むけれど、ガツガツしていなくて、余裕がある。そんな、「行動力」と「ゆとり」の両方持った人に「幸運の女神」は味方すると断言します。

陸上競技の選手にとって1つの課題は「**本番でいかにリラックスして走るか？**」なのだそうです。ある程度の緊張は必要ですが、力が入りすぎると筋肉が固くなってしまっていいタイムが出ないのだとか。

「**リラックス**」**は、実力を発揮する上でも重要**なのですね。

周りから「ポジティブ・リラックス」というイメージで見られる人になって、実力を発揮して、人も運も引き寄せたいものです。

第41話

# 浜口京子の母が言った「はじめての言葉」

「百日の説法、屁ひとつ」ということわざがあります。(私が言うとウソっぽく聞こえますね。でも本当にあります)

これ、お坊さんが有り難い説法を100日間にわたって話してきたのに、最後にオナラを一発こいてしまったために、それまで築いてきた威厳も何も全部台無しになってしまった……ということで、「長い間の苦労がちょっとしたことでぶち壊しになる」という意味です。

長年にわたって積み上げてきた努力が思わぬ事態によってムダになってしまう。そういうこと、ありますよね。

そんなとき。再び「やる気」を復活させるにはたいへんなエネルギーが必要です。

さて、これは不測の事態で一度失ってしまったテンションを再び取り戻すことに成功した人の話。その人の名は浜口京子。そう、女子レスリングの浜口京子さんがアテネオリンピック（２００４年）に出場したときのエピソードです。

「思わぬ事件」は準決勝で起こりました。

なんと、会場のミスで、電光掲示板のポイントが正しく掲示されず、延長戦に入ると思っていた浜口選手に「負け」が宣告されてしまったのです。

思いもしないアクシデントで、突然、金メダルの夢が消えてしまった浜口選手。下がりきるテンション。しかし、残酷なことに、たった6時間後には3位決定戦をしなければなりません…。

心の整理がつかない彼女は母親へ電話を入れます。

すべての事情を知ったお母さんは、このとき、今まで1度として娘に言ったことがなかったひと言を言うのです。

心の整理がつかない娘に、お母さんがはじめて伝えたひと言。

それは……。

**「勝ちなさい！」**

お母さんはこう言ったのです。

**「(次の試合は) 堂々と戦いなさい。私は今まで勝てって言ったことはないでしょ？でも、今回は勝ちなさい。銅メダルを取りなさい！」**

この言葉で浜口選手は目を覚まします。

そして、こう思ったのです。

**「あ、また試合ができるんだ！　嬉しい」**

気力がよみがえった彼女は、吹っ切れた思いで3位決定戦にのぞみ、見事、銅メダルを獲得したのです。

積み上げてきた努力がムダになってしまったとき。

しかも、その原因が、たとえば、受験の日に乗る電車を間違えて試験時間に遅れてしまったり、テスト用紙に名前を書くのを忘れてしまったりという、勘違いやうっかりミスだったとき。

そのガッカリの大きさは想像を越えたものでしょう。

でも、そんなときこそ、「**チャンスはまたある**」と思って欲しい。

そして、この**失敗は決してムダではない**と考えてください。

だって、受験の日に電車を間違えて試験に落ちるなんて、一生使えるテッパンネタではありませんか！

それに、もしかしたら、予備校で将来の結婚相手と出会うかも知れません！

**人間の人生における、「不運」と「幸運」なんて、終わってみなければわからない。**

**だから、どんなにガッカリしても、そこで投げやりにならないことが大切なのです。**

第42話

# パンツ一丁で採用面接

これは、今は亡き俳優の児玉清さんが、著書『負けるのは美しく』（集英社文庫）の中で披露している話です。

学習院大学の大学院への進学が決まっていた児玉さんは、家計を支えていた母親の急死によって、突然、進学を取りやめて就職活動を始めます。しかし、新卒が入社したばかりの4月。どこの企業からも断られてしまいました。

そんな児玉さんのもとに、「東宝ニューフェイス試験の一次書類審査の合格通知」が届きます。実はこれ、児玉さんが郵送しまくった履歴書の1通が東宝の関係者に流れ、それが書類審査に合格して届いたもの。

しかし、俳優になる気などサラサラなかった児玉さんは、二次試験の面接に行く気もなく、そんな通知のことなどすっかり忘れてしまいました。

ところがある日の朝。児玉さんは「試験に行きなさい」という母親の声を聞いたような気がして目覚めます。運命を感じた児玉さん、合格通知をひっぱり出してみて驚きました。なんと、その日は面接試験の当日、しかも開始まであと1時間足らず！　あわてて試験会場へ行ったものの当然遅刻。その上、通知に書かれていた「水着にて審査」を見逃していたので水着も持っていないという体たらく。

それでも係の人が気をきかせて「せっかく来たんだし、面接は5人ずつだから1人くらい増えても一緒だよ」と勧めてくれて、**パンツ一丁で面接にのぞんだ**のです。ただでさえ長身の児玉さん。それがパンツ姿で、もう目立つこと目立つこと……。

審査員の質問に、遅刻と水着を忘れた理由を正直に答えます。

と、審査員が「君、キチンとヒザをつけて直立不動はできないの？」と質問。実は児玉さん、生まれつきのO脚《おーきゃく》。つまりガニマタだったのです。

ここで児玉さん、ふと、ラジオドラマ、映画で一世を風靡した名作、『君の名は』（菊田一夫原作）の冒頭の名セリフ、「忘却《ぼうきゃく》とは忘れ去ることなり」が頭に浮かんで、アドリブでこう言い返したのです。

## 「O脚とは、忘れ去ることなり」

「受からなくてもいいや」という余裕が生んだこのジョークが、審査員にドカンとウケました。

面接試験の結果は合格。児玉さんがイイ男だったということはあったと思いますが、このジョークをアドリブでカマした度胸が買われたのではないでしょうか。

私は『アタック25』に出演したとき、短い時間ですが、生前の児玉清さんと会話をさせていただいたことがあります。とにかくダンディーな紳士で、まさかそんな児玉さんに、こんなやんちゃな武勇伝があったとは……。

それにしても、この話、偶然の積み重ねがすごい。

児玉さんの母親が亡くなったのは大学の卒業式の日でした。このタイミングがずれていたら、児玉さんはすんなりとどこかの企業へ就職が決まったことでしょう。

東宝の関係者に児玉さんの履歴書が流れたのも、実は、東宝にコネを持っている人が、「演劇をやっていた児玉は、俳優になりたいに違いない」と善意の勘違いをして履歴書を東宝の人間に渡してくれたから。

児玉さんが不思議な夢を見て起きた日が面接の日だったのもすごいし、児玉さんがおもてに飛び出したときに、目の前に面接会場である撮影所へ向かうバスが見えて、それに飛び乗ったというのですから神がかっています。

さらに、児玉さんに面接を受けさせた係の人の機転、本当にパンツ一丁で面接を受けてしまった児玉さんの度胸……。挙げればきりがないくらいの運命の積み重ね。

まさに、「運命はかくのごとく扉を開ける」ですね。

生きていると、ときに「運命のいたずら」と遭遇します。

かく言う私にとっては、新卒で入った会社が突然無くなったのがそれでしょう。

もし、会社が無くならなければ、私は今でもそこで社内報を作っていたはず。

不運な出来事に思えることも、それがあなたの人生のターニングポイントになることがあります（というより、そうなるほうが多い）。

**不幸に遭遇したら、「これは何かのメッセージ？」と考えてみてください。**

第43話

# 「優先順位」で「シンプル」になる

ディズニーランドには、「SCSE」という「行動基準」があるのだそうです。

「SCSE」とは、「ディズニーランドが大切にするべき4つのこと」の頭文字をとったもので、その4つの言葉は、次のとおり。

「S」＝「Safety」（安全）
「C」＝「Courtesy」（礼儀正しさ）
「S」＝「Show」（ショー）
「E」＝「Efficiency」（効率）

実はこの4つ、並んでいる順番も非常に重要で、そのまま、大切にするべき優先順位もあらわしているとのこと。

つまり、一番大切なのは「安全」であり、次が「礼儀正しさ」、次が「ショー」、最後が「効率」と、明確に宣言しているわけです。

あるテレビ番組でオリエンタルランド（日本のディズニーリゾートを運営する会社）の加賀見俊夫会長がこの話を披露した際、その番組のメイン司会役である、作家の村上龍氏がこんなことを言っていました。

**「順序が大切。工場などでよく『安全第一』と標語を掲げているが、それだけでは正しく伝わらない。ある社長はこの標語に『効率第二』と続けて掲示している。そうやって優先順位を付けると、行動するときの基準が明確になる」**

そう。

「安全第一」「効率第二」と掲示されていれば、「安全に作業を進めるためなら、多少効率が悪くなってもかまわない」と明確に判断できます。

ディズニーの「SCSE」も、優先すべき順に並んでいるから、困ったときに、たとえアルバイトでも「どう行動するか？」の判断を下すことができるのです。

たとえば、ディズニーでは悪天候の日は多くのショーが中止（もしくは小規模な開催）になります。

これがもし、「ショーを楽しみに遠くから来たお客さんもたくさんいるのに…」と「ショーを楽しんでいただくことを第一」で考えると、少しくらいの悪天候でも、つい強行してしまうでしょう。

しかし。ここで「SCSE」の登場です。

「安全」はトップ、「ショー」は3番目に「大切にすべきこと」ですから、「何のためらいもなくショーを中止する」と判断ができるというわけです。

このように、「行動基準」とその「優先順位」を決めておけば、余計なことを考えて悩まなくても済むようになり、迷うことなくスピーディーに決断できるようになります。

これ、何も組織だけでなく、個人の人生でも同じこと。

「自分にとって大切なものの順位」を決めておくと、いざというときに悩まなくて済むのです。

俳優の高倉健さんは、生前、インタビューで「母が死んだときも、父が死んだときも、兄が死んだときも、自分は映画の撮影中で（故郷に）帰ってない。（スタッフに）言えば帰れたんですけど、そこが僕の偏屈なとこなんです」と語っています。

健さんの心の中では、プロフェッショナルとして、「仕事」のほうが「家族」よりも上であると、優先順位がキッチリと決まっていたのでしょう。

健さんのカッコイイ話のあとで恐縮ですが、私の「行動基準」は「**1に健康、2に家族、3、4がなくて5に仕事**」と決めています。

迷ったときには……というより、迷わなくてもよいように、この順番で自分の行動を決めるようにしているのです。

あなたの「行動基準」は、いったいどんな順番でしょうか？

第44話

# 「ストレス」を溜めない5つの方法

「緊張感」がまったくないと、人間はダラけてしまいます。

ですから、「適度な緊張感」ならあったほうがいい。

しかし、それが溜まり溜まって「過度なストレス」になってしまうと、イイ仕事の邪魔になるし、健康にも悪い。ヘタすると精神を病んでしまいます。

とくに、私のように、読んだ人の心が休まるような、ホンワカした文章というのは、自分の心が安定していないと書くことができません。イライラしているときに書いた文章は、やはりどこかトゲトゲしてしまうんですね。

つまり、私は「ストレスが溜まってイライラしてしまうと仕事ができない」。

しかし、幸いなことに、私は自他ともに認める「ストレスフリー人間」。おかげで、いつでも滞りなく原稿を書くことができているというわけです。

さて、それではここで、私の「ストレスを溜めないコツ」の代表格を挙げてみましょう。

**＊「未来の心配」はしない**

よく、「今度の土曜日から旅行なのに雨の予報で心配」と悩む人がいます。でも、未来にどうなるかなんて誰にもわかりません。週末の天気なんて、週末になって、**本当に雨が降ったら初めて「どうしよう」って悩めばいい。**

「新しい仕事の依頼」も同じ。「やってみたいけれど、難しそうだし、自分にできるかどうか不安」なんて悩まなくていい。できるかどうかは、やってみなければわからないのですから、不安に思う前に受けてしまったほうがいい。それに、「**難しそうな仕事」の多くは、実は「難しそうに見えただけの仕事**」です。

**＊「どうにもならないこと」は悩まない**

先の例で出した「天気」なんて、人間の力ではどうにもなりませんよね。だから、いくら悩んだってムダ。ただの「悩み損」です。「自分ではどうしようもないこと」はいっさい悩む必要はありません。ちなみに、**「他人の性格」も「直しようがないもの」の1つ**だと心得ましょう。

**＊自分の運を信じる**

私は、たとえ天気予報で「週末は雨」だと言っていても、「私が旅行に行く日に雨が降るはずはない」と心から信じていっさい心配はしません。

百歩ゆずって、「その日、もし雨が降ったとしても、私が外を移動している時間には降らない」と信じています。

**＊「起こってしまったこと」はすべて前向きにとらえる**

旅行の当日になって雨が降っていたら、今度は「雨の○○（旅行の目的地）もまたオツかも」とか、「この程度の雨でよかった」なんて考えましょう。つまり、「起こってしまったこと」はもう仕方がない。軽～く受け入れて、笑って前向きに考えてしまうのです。仕事で不測の事態が発生したときも、まずはスンナリと受け入れて「これは勉強になる！」なんて考えちゃいましょう。

**＊魔法の言葉を唱える。**

想定外の問題に見舞われて落ち込みそうになったときは、そんなマイナス気分を一瞬で吹き飛ばす「魔法の言葉」を心の中で唱えましょう。

心配事のプレッシャーを消し去る「魔法の言葉」とは、たとえば、「**そう来たか！**」「**チョロイは！**」など。

ちなみに、私がストレスを消し去るために心の中で唱える最強の「ストレス消去言葉」は、「**しゃーない**」です。「しゃーない」と言った途端、どんなに理不尽な出来事も認めざるを得なくなりますよね。何しろ、「しゃーない」んですから（笑）。

以上、「ストレスを溜めないコツ」を5つほどご紹介しました。

**ストレスは「適度に溜めて楽しむもの」**。溜めすぎは身体の毒と心得ましょう。

「そんなこと言われてもストレスが溜まる」というあなた。それはもうあなたの性格です。「しゃーない」とあっさりあきらめて**ストレスと仲良く**しちゃってください。

第45話

# 「ストレス」には「STRESS」で対応

「ストレス」の予防法の話に続いて、今度は、溜まってしまったストレスへの対処法の話です。

これは、「生き方の達人」として、今もファンの多い「モタさん」こと故斎藤茂太さん（精神科医　随筆家　1916〜2006）の本に出ているものです。

モタさん曰く。

**「ストレス」の解消は「ストレス」で！**

そこのあなた、今、「何のこっちゃ？」って思いましたよね。

説明しましょう。

「ストレス」は英語で書けば「STRESS」。

モタさんは、これが、そのまま、代表的な「ストレス解消法」の頭文字になっている…というのです。

順番に見てみましょう。

まず、最初の「S」は「**スポーツ**」。

次の「T」は「**トラベル**」。

「R」は「**レクリエーション**」。

「E」は「**イート**」。

「SS」は「**スリープ**」と「**スマイル**」。


なるほど～。

本当に代表的なストレス解消法がうまい具合に並んでいますね。

ストレスが溜まってしまったら、「STRESS」というつづりを思い出して、「さて、今日のストレス解消は、Sにするか、それともEでいくか…」なんて考えればイイわけです。

モタさんは、追加策として、「**私の場合はあと、『話す事』がストレス解消になる**」と言っています。

女性がよく使うストレス解消法ですが、話し好きだったモタさんにはとても有効な手だったのですね。

ただし、モタさんは、「この『話す』というストレス解消法の場合、『グチ』まではよいけれど、『悪口』にならないように注意してください」と言っています。

そうですね。この「悪口」というヤツ、めぐり巡って、必ず本人の耳に届くもの。ストレス解消で言ったものが、人間関係を壊す原因になりかねません。

私の知り合いには、「ストレス」が溜まると決まって自宅近くのプールへ行って泳ぐという人がいます。

モタさんの分類で言えば、最初の「S」、「スポーツ」ですね。

どんなに仕事でイヤなことがあっても、プールで思い切りクロールをしたり、ダラ

～っと背泳ぎなんかをすると、頭の中が空っぽになって、心の底からリラックスできるのだとか。

音楽でリフレッシュという知り合いもいます。モタさんの分類では「R」、「レクリエーション」ですね。

自宅にオーディオルームを作ってレコード（CDではありません！）でバッハやベートーベンを聴くとストレスが吹き飛ぶとのこと。


ストレス解消法は人それぞれ。

モタさんの「ストレス解消法」の分類をヒントにして、自分に合った解消法を自分で見つけて、前述のように、ストレスとうまく付き合ってください。

溜まってしまったストレスは、マジマジと直視せず、気がつかないフリをして、いつの間にか解消させてしまうのが一番です。

ちなみに私の場合、「執筆」もストレス解消になります。

「執筆」も「S」なので、「STRESS」になりますね。

第46話

# 無限はしご酒？

店を変えてお酒を飲み続けることを、「はしご酒」って言いますよね。

これは、歌手のなぎら健壱《けんいち》さんのエッセイに出てくる「はしご酒」に関するお話。

なぎらさんといえば、お酒好きで有名。お酒に関するエッセイをたくさん書いていて、最近は歌手よりも「居酒屋評論家」というイメージのほうが強いほど。

そんな、なぎらさん。あるとき、東京の勝鬨《かちどき》の、同じような居酒屋が並ぶ一角で、独《ひと》りで呑《の》んでいたそうです。

そのうち、オシッコをしたくなって、トイレへ行こうと店を出るなぎらさん。というのも、この飲み屋街、おもてに設置された共同トイレを使っていたのです。

さて……。トイレで用を足して、店に戻ったなぎらさん「ビールをもう1本ちょうだい」と注文します。「いらっしゃいませ！　ビールですね」と店主の声。

ここで「?」となるなぎらさん。

トイレに行っただけの客に「いらっしゃいませ」っておかしくないか？

そう思って気がつくと、店の中の様子が何となく、さっきと違うような……。

そうです。

酔っぱらっていて、店構えが似た隣りの居酒屋に入ってしまったのです。

普通なら、「間違えました」と言って店を出るところ。でも、ちょっと気恥ずかしくなってしまいました。その上、目の前にセンを抜かれたビールが出てくるは、店主が「なぎらさんですよね」なんて嬉しそうに話しかけてくるはで、出るタイミングを逸してしまい、しかたなく、そしらぬ顔でビールを口に。

1本を空にして、すぐに元の店に帰ろうと思っているのに、店主がよどみなく話しかけてきてすぐには帰れない雰囲気……。

結局、ビール2本を空け、「もういいかな」と思ってお勘定をしようとして、今度は財布が元の店にあることに気がついた。

「ちょっとトイレに……」

そう言って店を出て、隣りの店に戻るなぎらさん。

「ずいぶん長いトイレでしたね」と、元の店の店主。

ここでも、「間違って隣りの店にいた」なんてマヌケなことは言えず、何ごともなかったかのような顔をしてビールを追加注文。

そのビールを飲み、頃合いを見計らって「ちょっとトイレに」と、今度はしっかり財布を持って、さっきの店へ戻る。

「ずいぶん長いトイレでしたね」と店主。

「ええ、ビールもらいましょうか」と追加注文……。

こうして、その夜、なぎらさんは、「ちょっとトイレに」と言っては、隣り合った2軒のお店を行き来するという不思議な「はしご酒」を経験したのでした。

なぎらさんが、こんな「無限はしご酒」のループにはまり込んでしまった理由は、最初に店を間違えてしまったとき、**「あっ、間違えました」というひと言が言えなかったから**です。

「ごめんなさい。間違えました！」って、素直にすぐに言える人は、その夜のなぎらさんのように「言い訳の積み重ね」をしなくても済みます。

だからストレスも溜まりにくい。

逆に、間違ったことに気がついたのに、それを認めるのも、謝るのもイヤ…という人は、見え透いた言い訳を繰り返さなくてはなりません。

そんな人はストレスが溜まりやすいし、人からも敬遠されて、イイ話がだんだん回って来なくなるのです。

私は以前にいた会社で、社内のちょっとした秘密情報が外部に漏れてしまったとき、その対策会議の中で、１人の社員が「今回のことの責任はすべて私にあります。申し訳ありませんでした」と、自分から素直に謝る場面を見たことがあります。

その社員は誰からも責められることはなく、私は「素直に謝るって実は強いな」と思ったのを覚えています。

# 第47話 尿管結石、西へ…

私がまだ社内報の編集を担当していたころの話です。

「名古屋へ出張して、特約店の社長さんへのインタビューをする」という当日の午前3時ごろ。わき腹の痛みで目が覚めました。

原因は尿管結石の発作。実はその数年前から健康診断で「石」があることは知っていました。そして、経験者からは、「ある日突然その石が尿管結石になって激痛が襲ってくる」と脅かされていたのです。

「**とうとう来たか…**。**それにしても、何でまた、よりによって今日に…**」

その日の取材は、忙しい社長さんにやっとアポを取れたもので、そのインタビュー記事を書き終われば、その月の社内報の原稿は完了という状態だったのです。

ここでインタビュー日程を再調整したら、今度はいつ取材できるかわかりません。しかたなく、私はその日、名古屋への出張を強行することにしました。

休み休みしながら何とか東京駅にたどりつき、新幹線に乗車。しかし、どうにも痛くてシートにおとなしく座っていることができず、しかたなく連結部の通路で車窓を眺めていました。（立っているほうが楽だったのです）

しばらくすると、通りかかった車掌さんから声をかけられました。

「お客さん、真っ青ですよ。ご気分でも悪いのですか？」

「あっ、いえ、その……。実は、これこれしかじかで……」（表現が古くて失礼！）

「ええっ！ それでしたら、横になられてはいかがですか？ ご案内します」

案内されたのはトイレの横（だったと思う）にある小さな個室。車掌さんが渡してくれた毛布をかけて仮眠用のベッドに横になるとだいぶ楽に。

「車内アナウンスでお医者様を呼びましょうか？」と車掌さん。

こ、こ、これは、「ただいま社内で急患が発生致しました。ご乗車のお客様の中にお医者様はいらっしゃいませんでしょうか？」という、ドラマでおなじみのあの伝説

のアナウンスでは⁉

ドラマの1シーンを体験できる大チャンスに、数秒間、迷いに迷った私でしたが、丁寧に辞退させていただきました。

何しろ、3時に目が覚めてから一睡もできていなかったので、この個室で、小1時間の仮眠をとれたのは本当に大きかったと思います。

名古屋駅からは、営業の車で直接に特約店様に行けたのもラッキー。もし、電車&徒歩での移動だったらどうなっていたか…。社長さんのインタビューも1時間半ほどで無事に終えることができました。ヨカッタ……。

石が広い場所（?）に移動したためか、痛みは翌日にはほとんど無くなりました。発症が1日ずれてくれれば楽だったのに…。まったく、最悪の備後…ではなくビンゴでした。翌日、出社した私は、インタビュー記事を作成し、社長さんへ原稿確認依頼を送付しました。

そこまでを終えてひと安心し、その日は早退することに。

ことの次第と、早退したい旨を部長に報告にいく私。そもそも、私に「尿管結石の基礎知識」を教えてくれた「石経験者」は、この部長なのです。

昨日の出来事と、明日は大学病院へレントゲンを撮りに行く旨を伝えると、「ああ、前から健診で見つかっていたヤツね。どのくらいの大きさの石だっけ？」と部長。

「たしか、1ミリくらいでした」と私が答えると、尿管結石の大先輩は、呵呵大笑《かかたいしょう》して言い放ったのでした。

**「1ミリ!? 屁のカッパだそんなもん!!」**

そう。本人がどんなにがんばったとしても、**周りから見れば「出来て当然」**。

昔、あるアイドルは腕を骨折した翌日にコンサートで歌って踊ったそうです。

大切なのは「ぜったいにやる！」という石……、ではなく意志ですね！

ちなみに、私を苦しめた「お石様」はその数週間後に、無事、オシッコと共に体外へと脱出されました。

第48話

# 鈴木明子を強くしたもの

これ以上はないほど大きな「やる気につながるモチベーション」とは何でしょう?

これは、その答えを教えてくれる、フィギュアスケートの鈴木明子元選手の話。

彼女は、自身について、「ジャンプが苦手で、他人《ひと》の2倍は努力しないと跳べないタイプ」と言っています。2回連続のオリンピック出場は、不器用だけど負けん気の強い彼女の人一倍の努力のたまものだったのです。

8位に終わったバンクーバーオリンピックの雪辱を果たすべくして臨んだソチオリンピック(2014年)。しかし、当日のコンディションは最悪でした。

前の年の年末ごろから左足が痛くなり、それをかばっているうちに今度は右足も痛くなってしまい、本番前の練習ではジャンプもままならない状態だったのです。

しかし。

そんな状態だったのに、本番で日本から来たお客さんたちの声援を受けた途端、足の痛みを忘れたのだとか。

**足の痛みよりも「滑れる喜び」のほうが大きかった。足が痛いのも、苦しいのもつらいのも、生きているからだ。そう思えて幸せだったのだそうです。**

実は彼女、大学に入学してすぐに、摂食障害になったことがありました。

食べなくてはいけないとわかっていても、体が食べ物を受けつけない。

体重は32キロまで減り、このままでは命が危ないというところまでいってしまったのです。

心配する母親から「野菜だけじゃダメ！」と言われても、どうしても米も肉も食べることができない。

本人にもどうしようもなくて、母親の言葉はツラいだけでした。

そんなある日のこと。

母親が突然、吹っ切れたように、優しい声でこう言ったのです。

**「食べられるものから食べようね」**

この言葉で、鈴木さんは病気になってから初めて「食べることができない自分」を認めてもらえた気がした。そして、**「生きていていいんだ」**と思えた。

その日を境に、少しずつ食べられるようになり、病気を克服できたのです。

そんな経験を持つ鈴木さんだからこそ、ソチでは足の痛みを越えて、「今、ここで滑っている自分」を幸せに思えた。結果は前回と同じ8位でしたが、鈴木さんにとっては満足のいく結果だったのです。

ソチオリンピックのあと、その直後に日本で行なわれる世界選手権へ出場するかどうか迷った鈴木さんは、高橋大輔選手（当時）に相談をします。

戦うことに疲れてしまい、「もう、がんばれないかも」と不安を告白した鈴木さんに、同じくケガに苦しんだ経験を持つ高橋選手はこう答えたそうです。

**「みんな、待ってるよ。もうがんばらなくてもいいんじゃない？　一生懸命滑るだ**

**けで」**

高橋選手が言う「みんな」とは、鈴木選手が滑る姿を心待ちにしている日本のファンのこと。この言葉で鈴木さんは、世界選手権への出場を決めたのです。

**鈴木さんにとって「表彰台の一番高いところに立つこと」よりも嬉しい瞬間。それは演技が終わったあとのスタンディングオベーションなのだそうです。彼女は、「どんなに高い点数よりも、お客さんの拍手、歓声がうれしい。それがあったから、ここまでスケートを続けることができたのかもしれない」と言っているのです。**

もうおわかりですね。

**自分が一生懸命にやったことで、誰かを幸せにすることができる。**

**これ以上に大きな「やる気につながるモチベーション」は他にはありません。**

人は、自分だけのためだとあきらめてしまうようなことも、大切な人のためならがんばることができる。つらいことも乗り越えられるのです。

# あとがき

最後まで読んでいただきありがとうございました。

あなたの「明日」を「明るい日」に変えるお手伝いになりましたでしょうか？

最後の最後に、本文でも登場している完売王、河瀬和幸さんの話をもう1つだけ。

河瀬さんが実演販売をしている現場に行ったとき、しばらく声をかけないで遠くからながめていると、河瀬さんはお客さんから声をかけてもらいやすいように「商品を整理するフリ」をしたりしていることが多くて、必ずしも売れまくっているわけではないんです。

ところが……。

私が近寄って行って声をかけると、途端に表情が変わって、「あっ、来てくれたんですね。それじゃ、今、売って見せるから、少し離れたところから見ていてよ」なんてことをおっしゃる。

そう言われて、邪魔をしないように遠巻きに見ていると、本当に通りかかったお客さんに声をかけて、ものの数分で売ってしまうのです。

どうも、ギャラリーが来ると「完売王のやる気の導火線」にシュボッと火がつくようなのです。

この「やる気の導火線」は、何も河瀬さんだけが持っているわけではありません。あなたにだって、ちゃんとあるはず。

「どうも、やる気が起こらない」というあなたは、その導火線の場所がわかっていないだけのこと。

**「一歩」を踏み出すのがたいへんなら「半歩」でもいい。**

エベレストに登頂するという目標に向かって、まず、駅でエスカレーターではなく階段を使うことから始めたっていい。

半歩でも、りっぱな前進です。

「**思い切って始めなくていい。『何となく』始めよう**」（中谷彰宏　作家・セミナー講師）

本書で紹介した48の火ダネのどれかが、あなたのやる気の導火線に火をつけて、明日がほんの少しでも変化することを願いながら。

西沢泰生

## 参考・引用文献（順不同）


『心が折れそうなときキミを救う言葉』ひすいこたろう・柴田エリー著　ソフトバンク文庫
『ジェームズ・ボンド「本物の男」25の金言』田窪寿保著　講談社α新書
『世界のエリートの「失敗力」』佐藤智恵著　PHPビジネス新書
『0ベース思考』スティーブン・レヴィット／スティーヴン・ダブナー著／櫻井祐子訳　ダイヤモンド社
『おちゃめな老後』田村セツコ著　WAVE出版
『山田クンとざぶとん』山田隆夫著　双葉社
『人を動かす』デール・カーネギー著　創元社
『イチローの逆境力』児玉光雄著　祥伝社黄金文庫
『酒にまじわれば』なぎら健壱著　文春文庫
『幸せな経済自由人の金銭哲学　―マネー編―』本田健著　ゴマ文庫
『ユダヤ人大富豪の教え』本田健著　大和書房
『決めた未来しか実現しない』本田健著　サンマーク出版
『なぜかやる気が出ない人へ』斎藤茂太著　成美文庫

『人生を変える！「心のブレーキ」の外し方』石井裕之著　フォレスト出版
『水木サンの幸福論』水木しげる著　角川文庫
『8週間で幸福になる8つのステップ』アンソニー・M・グラント／アリソン・リー著／石川園枝翻訳
ディスカヴァー・トゥエンティワン
『死ぬ気で行動する人にだけ運は必ず味方する』早川勝著　かんき出版
『「生き地獄」脱出法』向谷匡史著　東邦出版
『林家たい平 快笑まくら集』林家たい平著（竹書房文庫）
『あなたはまだ本気出してないだけ』児玉歩著　朝日新聞出版
『頭のいい人が儲からない理由』坂本桂一著　講談社
『聞く力』阿川佐和子著　文春新書
『「聞く力」文庫3 アガワ対談傑作選 追悼編』阿川佐和子著　文春文庫
『ステーキを売るな　シズルを売れ！』エルマー・ホイラー著　パンローリング社
『仕事ができる人はなぜ筋トレをするのか』山本ケイイチ著　幻冬舎新書
『負けるのは美しく』児玉清著　集英社文庫
『1日1分 元気になる法則』福島正伸著　中経出版
『ひとつひとつ。少しずつ。』鈴木明子著　KADOKAWA

『学年ビリのギャルが1年で偏差値を40上げて慶應大学に現役合格した話』坪田信貴著　KADOKAWA
『決断力』羽生善治著　角川ｏｎｅテーマ21
『テレビのなみだ』鈴木おさむ著　朝日新聞出版
『賭博黙示録　カイジ』福本伸行著　講談社
『心の中に火をつける50のヒント』中谷彰宏著　三笠書房

本文デザイン……青木佐和子
カバーイラスト…Olga Shaliapina / Shutterstock.com

青春文庫

# 明日《あした》をちょっぴり がんばれる48の物語《ものがたり》

2016年5月20日　第1刷

著　者　西沢泰生《にしざわやすお》

発行者　小澤源太郎

責任編集　株式会社プライム涌光

発行所　株式会社青春出版社

〒162-0056　東京都新宿区若松町12-1
電話　03-3203-2850（編集部）
03-3207-1916（営業部）
振替番号　00190-7-98602

印刷／中央精版印刷
製本／フォーネット社
ISBN 978-4-413-09645-4

ほんとうのあなたに出逢う ◆ 青春文庫

## 日本人の9割が答えられない
## 日本の大疑問100

円はなぜ「EN」でなく「YEN」？
エスカレーターでなぜ関西では左側を歩く？
日本人として知っておきたい一歩先の常識！

話題の達人倶楽部[編]

(SE-636)

## 親が与えている愛
## 子どもが求めている愛

「いい子」は、なぜ幸せになれないのか

真面目な少年が問題を起こす心理
明るい子が、ある日心を閉ざす理由…
親と子の気持ちのすれ違いに気づく心理学

加藤諦三

(SE-637)

世界史からこぼれ落ちた
## 離島伝説

世界各地の離島に遺された痕跡は
何を語るか――。封印された謎が、
いま解き明かされる！

おもしろ地理学会[編]

(SE-638)

## 話は1分で
## みるみるうまくなる！

話しベタ・人見知りが武器になる「超」会話術

自己紹介、スピーチ、会議、雑談、説明、説得…
あがり症で吃音だった著者が実体験から
生み出した「1分のコツ」を満載！

臼井由妃

(SE-639)